이단이
알고 싶다

이단이 알고 싶다

지은이 탁지일
펴낸이 임상진
펴낸곳 (주)넥서스

초판 1쇄 발행 2020년 4월 25일
초판 4쇄 발행 2023년 11월 10일

출판신고 1992년 4월 3일 제311-2002-2호
주소 10880 경기도 파주시 지목로 5
전화 (02)330-5500 팩스 (02)330-5555

ISBN 979-11-6165-944-2 03230

가격은 뒤표지에 있습니다.
잘못 만들어진 책은 구입처에서 바꾸어 드립니다.

www.nexusbook.com

이단이 알고 싶다

미혹되지 않기 위해 알아야 할 이단의 모든 것

탁지일 지음

넥서스CROSS

2020년 확산된 코로나바이러스감염증-19(COVID-19, 이하 코로나19)와 신천지(신천지예수교 증거장막성전, 이하 신천지) 문제는 이단의 사회적 역기능을 고스란히 노출해주었다. 이단문제가 단순히 교리적 문제를 넘어, 누군가의 삶을 빼앗고 파괴할 수 있는 사회적 문제로 언제든지 비화飛火할 수 있다는 사실을 우리는 여실히 목격했다. 만약 우리가 호기심 어린 안이한 눈으로 이단문제를 바라본다면 결코 인지할 수 없는 것들을, 사랑하는 가족과 지인이 피해를 입을 수도 있다는 절박한 눈으로 바라본다면 어렵지 않게 간파할 수 있다. 코로나19와 신천지 문제가 우리에게 주는 아픈 교훈이다.

한편 2020년 70주년을 맞는 6.25전쟁은 한국이단의 본격적인 태동기다. 전쟁의 불확실성은 삶의 불안정성을 초래했고, 전쟁의 고통으로부터 벗어나고자 하는 이들의 절박한 소망은 그 어느 때보다 절실했다. 막연한 사후 천국에 대한 약속이 아니라, 임박한 종말과 지상천국을 주장하는 이단들은 피난지 부산에서 뿌리를 내리고 그 세勢를 전국적으로 확산해나갔다.

안타까운 사실은 전쟁 중에도 분열을 거듭하던 한국교회를 향한 불신이 이단의 발흥을 촉진했다는 사실이다. 이단들은 무력한 교회의 대안으로 자신들을 내세우며 곳곳에 미혹의 덫을 놓기 시작했다. 교회에 대한 이단들의 조직적이고 동시다발적인 도발이 시작된 것이었다.

교회의 모습을 통해 동시대 이단의 실체를 간파할 수 있고, 반면 이단을 통해 동시대 교회의 문제점을 접할 수 있다는, 기독교 역사의 보편적인 역학관계가 6.25전쟁의 혼란기에도 예외 없이 나타났다. 코로나19와 관련된 신천지의 급작스런 등장을 당혹스럽게 바라보며, 이단문제는 교리적인 문제를 넘어, 언제든 심각한 사회적 문제를 야기할 수 있다는 역사의 교훈을 다시 한 번 되새겼다.

한국교회의 예견된 위기, 예정된 회복

불안정한 한국 현대사는 이단들의 발흥, 성장, 확산과 밀접히 관련되어 있다. 1950~60년대 6.25전쟁과 전후 상황은 이단 발흥을 위한 기름진 땅이었으며, 1970~80년대 군사정권의 반공정책은 이단의 정착과 성장을 위한 밑거름이었고, 1990년대 이후 사회 민주화는 이단의 영향력이 확산되는 계기가 되었다.

또한 이단들의 발흥과 성장은 한국교회의 병리현상과 무관하지 않다. 최근 한국교회는 '개혁의 주체'가 아니라 '개혁의 대상'이라는 뼈아픈 사회적 비판에 직면해 있다. 신행불일치의 모순으로 인해 고립무원의 형편에 처한 한국교회를 비판하면서, 이단들은 자신들의 존재이유를 합리화해오고 있다.

한국교회가 자신의 병리현상을 극복하고, 이단의 도전에 효과적으로 응전하기 위해서는, 다시 교회와 민족을 위한 존재로 거듭나는 길을 적극적으로 모색해야만 한다. 사회는 교회를 향해 '말씀대로 사는' 신행일치의 순기능적인 삶과 신앙을 요구하고 있다. **건강한 교회만이 역기능적인 기독교이단들에 대한 대책을 마련할 수 있고, 이단들로 인해 발생한 피해들을 치유하고 회복시킬 수 있다.**

한국교회의 위기는 이미 예견豫見된 것인지 모른다. 하지만 한국교회의 회복은 예정豫定된 것이다. 교회는 불멸不滅하나, 이단은 필멸必滅한다. 교회를 위한 참된 신학과 신앙의 정립이 그 어느 때보다 절실하다.

민주화 이후 한국교회의 불투명한 미래를 예측하게 만드는 다수의 부정적인 표징들이 지속적으로 나타났다. 그리고 이러한 경고들을 외면한 결과가 오늘날 한국교회의 모습인지도 모른다. 하지만 위기를 겪고 있는 한국교회의 회복은 예정된 것이라는 믿음은 오늘날 기독교인들이 포기할 수 없는 종말론적 소망이다.

정죄와 분리를 넘어 치유와 회복으로

이단의 발흥은 성서의 예언이다. 제자들이 예수께 재림과 종말의 징조에 대해 물었을 때, 예수는 이단의 미혹을 받지 않도록 경고한다(마 24:3-5). 즉 이단 발흥은 우연한 사건이 아니라, 주님께서 재림하실 세상 마지막 때의 필연적 징조다.

그렇기에 이단문제가 일어났을 때, '왜' 이런 일이 나와 우리 가족에게 생겼는지를 걱정하며 괴로워하고 숨기고 부끄러워하고 죄스러워하기보다는, '어떻게' 이 문제를 지혜롭게 해결해나갈지를 고민하고 떳떳하게 노출하며 당당하게 대처해야 한다. 시간이 걸리더라도 주님의 때에 주님의 방법으로 치유되고 회복되리라는 소망의 끈을 결코 놓아서는 안 된다.

이단문제의 '원인규명'도 중요하지만, 이단에 대한 '대처방안'이 교회의 주요한 관심이 되어야 한다. 이단의 거센 도전에도 교회는 최선을 다해 응전해왔다. 초대교회의 교부 테르툴리아누스(Tertullianus, 터툴리안, 160~220)는 이단의 발흥과 신앙인의 자세에 대해, "오늘날 우리는 이단의 출현과 활동에 놀랄 필요가 없다. 왜냐하면 이단의 발흥과 교회에 대한 도전은 이미 예견되었기 때문이다. 이단들의 존재이유는 우리의 신앙을 시험하고 확증하기 위함이다. 이단들의 활동이 왕성하다고 염려하는 것은 전혀 근거 없고 신중하지 못한 행동이다. 이단이 없다면 좋을 것이다. 하지만 이단이 존재한다면, 반드시 그 존재이유가 있다"라고 단언한다.[1]

한편 이단문제 해결을 위한 가족의 역할은 절대적이다. 다른 이들은 지쳐 이단 피해자의 손을 놓을지 모르지만, 사랑하는 가족은 그 손을 결코 놓을 수가 없다. 이단이 문제이면, 가족이 정답이다. 동서양을 막론하고 가족의 노력은 이단 피해를 회복하기 위한 가장 중요한 요소다. 따라서 이단 피해자 가족모임의 노력은 이단문제 해결에 있어서 가장 적극적이고 효과적인 방법이다.

무엇보다도 잊어서는 안 되는 분명한 사실은, **바로 우리의**

---

1 Tertullianus, *Prescription against Heretics*, 제1장.

이단 대처의 목적은 '정죄와 분리'가 아니라 '치유와 회복'에 있다는 것이다. 이단이라는 괴물에 대처하기 위한 명분으로, 우리의 모습이 괴물로 변하는 것을 항상 경계해야 한다. 우리 안에 있는 하나님의 형상을 파괴하는 것이 이단들의 궁극적인 목적이기 때문이다. 아무리 힘들더라도 이단과의 영적 싸움 과정에서의 명분과 방법은 충분히 신앙적이어야 한다.

양의 옷을 입은 이단, 민낯이 드러난 교회

이단연구를 하면서 생긴 버릇이 하나 있다. 이단연구의 마무리 부분에 이르게 되면, 연구대상인 이단의 자리에 교회를, 교주의 자리에 기성교회 목회자를 대입해보는 습관이다. 그 순간 교회에도 일어나는 보편적인 현상을, 단지 이단이라는 전제와 선입관으로 인해 비판한 것은 아닌지 스스로 조심스럽게 점검하게 된다.

이단과 교회는 동전의 양면과 같다. 이단연구를 통해 교회의 본질을 알게 되고, 교회를 이해할 때 이단의 오류를 발견할 수 있다. 역사적 이단연구는, 동시대 교회가 잃어버렸던 정체성이 무엇이었는지 짐작하게 해준다. 모든 시대의 이단들은 어김없이 자신들이 타락한 교회의 대안이라고 주장하며 영향력을 확장했다. 교회의 신학은 곧 세상을 향한 교회의 변증이며, 이단들과의 투쟁을 통해 교회의 신앙은 더욱 공고해졌다.

이단 교주의 신격화를 비판하면서, 일부 목회자의 비윤리적 행태에 눈감을 수 없다. 이단 교주는 이단이기 때문에 정죄하고, 비윤리적 목회자는 정통으로 분류되기 때문에 면죄부를 줄 수는 없는 것이다. 정통이라는 우산 아래서 벌어지는 범죄는 가중처벌 대상이다. 건강한 교회라야 이단에 효과적으로 대처할 수 있다. 교회 개혁과 이단 대처는 떼려야 뗄 수 없는 동전의 양면이다.

이단이 문제인가, 아니면 이단규정의 주체인 교회가 문제인가? 교회는 개혁의 주체인가, 아니면 개혁의 대상인가? 이러한 도발적인 질문에 당당하게 답변할 수 있는 교회만이, 현대 이단들의 파상공세에 당당하게 응전할 수 있다.

양의 옷을 입은 이리와 같은 이단들이 우는 사자같이 삼킬 자를 찾고 있다. 알리스터 맥그래스(Alister Edgar McGrath, 1953~)는 "교회가 기틀을 다지던 초창기에 모호하고 위험한 사상으로 간주했던 고대 이단들이 지금 매력적으로 치장하고 다시 나타났다"고 현대 이단의 본질을 간파한다.[2] 하지만 안타깝게도 교회는 정결함을 잊어버린 듯 부끄러운 민낯을 드러내고 있다.

기독교 역사 2천 년 동안 이단은 쉼 없이 생성과 소멸을 반복했지만, 교회는 영원하고 늘 승리해왔다. 비록 한국교회를 향한 사회의 날카로운 비판이 있지만, 오히려 감사하다. 이는 한국교회를 향한 사회의 높은 기대치를 보여주기 때문이다. 이러한 비판을 귀담아 듣는다면 한국교회는 종교개혁의 후예로서 다시 한 번 '개혁의 주체'로 우뚝 서는 것이고, 만약 이를 흘려듣는다면 '개혁의 대상'으로 전락할 것이다.

이단 연구가로 산다는 것

교회사와 이단을 연구하면서, 초기에는 이 두 분야가 그다지 관련성이 많지 않은 서로 다른 길이라고 생각했다. 교회사 연

2 알리스터 맥그래스, 『그들은 어떻게 이단이 되었는가』 (서울: 포이에마, 2011), 10.

구는 내가 좋아서 전공한 것이고, 이단연구는 선친 탁명환 소장으로 인해 걷게 된 길이라고 여겼다. 하지만 언제부터인지 내가 걷고 있는 길이 서로 다른 길이 아니라 하나의 길임을 깨닫게 되었다.

교회사에 나타나는 이단을 연구하면 그 동시대 교회의 신학과 문제점들을 알 수 있고, 반대로 특정 시기의 교회를 연구하면 동시대 이단의 발흥 배경과 오류가 무엇인지 파악할 수 있다. 교회와 이단이란 주제는 필연적으로 결합된 주제였다. 교회에 대한 연구는 이단의 본질에 대한 연구이고, 이단에 대한 연구는 교회의 본질에 관한 연구다.

이단의 특징(cult code)을 연구하면, 동시대 교회의 문제점들이 보인다. 이단들은 이를 빌미로 교회를 공격하면서, 자신들이 타락한 교회의 대안이라고 그 존재의 필요성과 정당성을 주위에 노출해왔다. 반면 교회의 표징(church code)을 연구하면, 동시대 이단들의 교리적 오류가 명료하게 드러난다. 교회는 이를 통해 교회의 신앙과 신학을 정립해왔다.

이단들을 연구하면서 나는 '왜 그들이 기독교가 아닌지'를 성경과 신학의 관점에서 변증하려고 씨름해왔다. 즉 부정적인 접근(negative approach)을 시도해온 것이다. 요즘은 설교를 통해 복음을 전하는 목회자들이 부러울 때가 많다. 나와는 달리 '복음이 무엇인지' 긍정적인 접근(positive approach) 방법을 사용하고 있기 때문이다. 나도 '이것은 복음이 아니다'라는 비판적 접근보다, '이것이 복음이다'라고 긍정적인 접근만 하고 싶다는 소망을 갖게 되었다.

의심할 여지없이 기독교인의 우선순위는 '이단 비판'이 아니라 '말씀 사랑'이다. 이단에 대한 날카로운 분석과 대처보다, 성경에 대한 평범하고 상식적인 믿음과 실천이 우선이다. **하나님 말씀대로 살 때, 이단 분별은 덤으로 주어지는 하나님 은혜의 선물이다.**

복음은 삶의 중심이다. 존 웨슬리(John Wesley, 1703~1791)의 가르침처럼 복음에 대해서 우리가 할 수 있는 것은 복음을 믿고 그대로 사는 것이다. 성경의 가르침은 전혀 복잡하지 않고 명료하다. 복잡한 것은 성경의 행간을 읽으려고 지혜를 짜내며 스스로를 합리화하려고 애쓰는 우리의 이기적인 모습이다. '고상한 신학'이 아니라 '상식적인 신앙'이 필요한 시대다.

이단에 대한 변증은 부차적이다. 어쩌다 한 번 있는 이단 전문가의 도전적인 이단 세미나보다, 담임목회자의 평범한 매주일 설교가 귀하고 귀하다. '기독교와 무엇이 다른지' 이단을 비판하는 것보다, '기독교의 본질이 무엇인지' 세상에 선포하는 것이 기독교인의 사명이다. 그래서인지 이단 특강을 마치고 집으로 돌아오는 길에는 언제나 이단 연구가보다 복음전도자의 삶이 아름답고 부럽다는 생각을 한다.[3]

아버지를 그리며

2019년 2월 선친 탁명환 소장의 25주기 추모예식이 있었다. 선친은 1994년 2월 19일 이단에 속한 괴한의 피습으로 하나님의 품에 안기셨다. 미처 깨닫지 못했던 당혹스러운 사실은 내가 벌써 선친이 돌아가신 그 나이가 되었다는 사실이다. 추모예식을 준비하던 어느 날 아침, 어머니와 아내를 보며 문득 선친이 돌아가셨을 때 어머니가 아내와 비슷한 나이셨구나 하는 생각을 하니 가슴이 먹먹했다.

선친은 누군가의 아들이었고, 남편이었으며, 아버지였고, 할아버지였다. 선친의 갑작스러운 죽음을 통해, 어떤 경우에

3 탁지일, "이단 연구가로 산다는 것", 「국민일보」 (2019.10.15.)

도 종교적인 이유로 누군가의 생명을 빼앗는 일은 결코 합리화될 수 없다는 생각을 갖게 되었다. 누군가를 죽이는 일을 어떻게 성전聖戰이라고 부를 수 있으며, 자신의 생명을 스스로 죽이면서까지 무고한 이들의 생명을 빼앗는 일을 어떻게 순교殉教라고 할 수 있을까? 사랑과 자비와 평화의 종교적 가치를 왜곡하는 고상한 자기합리화일 뿐이다.

이단문제는 날카로운 교리적 분석의 눈이 아니라, 애통하는 피해자의 눈을 통해 바라봐야 한다는 소중한 교훈도 선친의 죽음을 통해 배웠다. 선친이 소천하신 후 2~3년 동안 '아버지'라는 단어를 차마 꺼내지 못할 정도로 마음의 병이 심하게 들었다. '아버지'라는 단어는 입 밖으로 나오기 힘든 금기어였다. 그래서인지 가족을 이단들에게 빼앗긴 피해자들을 만날 때면, 물에 빠진 스펀지처럼 동병상련의 감정에 쉽게 빠져버리곤 했다.

선친의 죽음과 함께 생각해볼 겨를도 없이 호랑이 등에 올라타고 말았다. 선친이 남긴 일을 마무리하는 것이 삶의 우선순위가 되어버렸다. 다행히 힘들어도 포기할 수 없는 이유는, 아버지에 대한 존경과 사랑이 마음속에 자리 잡고 있기 때문이다. 선친이 남긴 일을 마무리하기로 한 후, 세 가지 소망이 있었는데 다행히 그중 두 가지는 어느 정도 마무리된 것 같다.

하나는, 2009년 선친 15주기 추모예식을 맞아 자료집을 발간한 것이다. 『사료 한국의 신흥종교: 탁명환의 기독교계 신흥종교 운동 연구』라는 제목의 단행본이다. 선친이 직접 발로 뛰며 모은 수백 상자 분량의 관련 자료들을 정리한 630여 쪽에 이르는 자료집이다. 일제강점기로부터 오늘에 이르기까지의 기독교계 신흥종교 운동들의 현황을 사진들과 문서들을 통해 접근할 수 있다.

다른 하나는, 최근 선친 25주기 추모예식을 계기로 선친의 23편의 저서들과 100여 편의 논문을 PDF로 만들어 수록한 디지털 자료집을 만든 것이다. 이제는 연구자, 목회자, 평신도 할 것 없이 누구든지 한국이단연구의 선구자인 故탁명환 소장의 저술에 쉽게 접근할 수 있게 되었다. 이를 계기로 부디 앞으로는 선친의 연구 결과물에 대한 무분별한 복제와 도용이 사라지고, 정직한 출처 인용이 이루어지기를 바란다.

이제 남은 한 가지 과제는, 선친이 모은 사료적 가치가 있는 오디오 비주얼 자료집을 만드는 것이다. 월간 「현대종교」 자료실에는 수많은 기독교계 신흥종교 운동들의 생생한 현장이 담긴 비디오테이프, 카세트테이프, CD 자료 들이 있다.

열악한 자료 보관 환경으로 인해, 디지털 자료로 변환하는 작업이 시급한 상황이다. 비록 시간과 비용 문제로 엄두를 못 내고 있었던 형편이지만, 다행히 한국연구재단의 연구지원(2019~2021)을 통해 선친 30주기에는 마무리할 수 있다는 소망이 생겼다. 이를 통해 선친의 '한국 기독교계 신흥종교 운동'과 '기독교이단' 연구의 소중한 유산들이 후속연구를 위해 역사에 남겨지기를 바란다.

이단사이비가 판치는 세상이다. 그래서인지 25년이 흐른 선친의 이야기가 아직도 잊히지 않은 채, 흥미로운 사회이슈가 되기도 하고, 때로는 이단들과 이단옹호자들에 의해 악의적으로 편집되어 회자되기도 한다. 선친의 이야기가 역사 속으로 계속 소환되는 한, 이단들과의 싸움 또한 멈출 수 없다.[4]

---

4 최근(2016~2020)에 쓴 이단 관련 글들을 수정·보완해 이 책을 편집·구성했다. 부족한 사람에게 출판을 제안해주신 넥서스크로스 그리고 훌쩍 넘긴 마감일을 인내로 기다려주며 처음부터 끝까지 따뜻하게 배려해준 편집팀에게 깊은 감사의 마음을 전한다.

차례

1장

사회와 이단

6.25전쟁과 함께 현대 기독교이단의 흥망성쇠가 본격화된다. 6.25전쟁은 한국이단의 본격적인 태동기다. 6.25전쟁과 전후의 불확실하고 불안정한 종교사회적 상황은 기독교이단의 발흥을 위한 비옥한 토양을 제공했다. 한국이단의 뿌리로 알려진 문선명의 통일교(1954년)와 박태선의 전도관(1955년)도 이때 출현한다.

1960~1980년대까지의 군사정권 시기는 이단의 성장기로 기록된다. 정치적 정통성이 취약했던 군사정권은 적극적인 지지층이 필요했고, 종교적 정통성이 부재했던 이단들은 기성교단들로부터 자신들을 지켜줄 든든한 보호막이 필요했다. 군사정권과 이단들은 서로의 필요를 충족시켜주었고, 이들의 부적절한 공생이 이루어졌다.

1980년대 중반 이후 사회민주화와 함께 한국은 다양성을 특징으로 하는 포스트모던 사회로의 변화가 시작되고, 통일교와 전도관 등으로부터 직간접적인 영향을 받은 정명석의 기독교복음선교회(JMS, 1981년), 이만희의 신천지예수교 증거장막성전(1984년) 등 2세대 이단들의 등장이 두드러진다. 비성경적인 교리적 이단들뿐만 아니라, 비윤리적이며 반사회적인 이단들의 등장이 본격화된 시기다.

1990년 초에 시작된 공산권의 몰락과 국제정세의 급격한 변화는 한국이단들의 해외진출을 촉진시켰고, 오늘에 이르러서는 해외동포들이 다수 거주하는 북미, 대양주, 동북아시아에 한국이단들의 조직적인 진출이 이루어졌다. 특히 북한 및 북한에 가장 근접해 있는 중국의 동북3성은 한국이단들의 주요거점으로 자리매김했다.

이처럼 한국 근현대사의 각 시기마다 다양한 성격의 이단들이 등장하는 한편, 이들은 서로 조직적·교리적 영향을 상호 주고받으며 성장해나가는 특징을 보여주고 있다. 사회변화에 민감한 이단들의 변천사를 통해, 이단들의 사회적 영향과 폐해를 알 수 있다.

1. 6.25전쟁과 이단

6.25전쟁은 이단 발흥을 위한 최적의 조건들을 제공했다.[1] 특히 6.25전쟁의 피난지 부산은 불확실성으로 가득한 실존적 고민의 현장이었고, 이로 인해 많은 통일교와 하나님의교회 등 기독교이단들의 발원지가 되었다.[2]

6.25전쟁은 일면 기독교가 전국적으로 확산되는 계기였다. 마치 초대교회의 확산이 스데반의 비극적 순교를 통해 이루어졌던 것처럼, 한국기독교의 전국적 확산은 자발적인 복음전도를 통해서가 아니라, 전쟁이라는 민족상잔의 불가피한 상황 속에서 피난의 형태로 이루어졌다. 구한말과 일제강점기 기독교의 중심이었던 서북지역과 해방 후 중심이 된 서울지역의 기독교가 일시에 한반도 동남단 땅끝 부산에 모이게 된 것이다. 6.25전쟁은 민족적 아픔이었지만, 한편 기독교의

---

1 탁지일, "한국교회의 병리현상과 신흥종교 운동", 「한국기독교와 역사」, 제48호 (2018.3.25.), 123-47.

2 부정적 가치판단이 내재된 '이단(heresy)'이라는 표현은 교회의 전통적인 교리적 관점에 대한 상대적 개념으로서 사용된다. 한편 '신흥종교 운동(New Religious Movement)'이라는 개념은, 6.25전쟁 이후에 발흥이 가시화했다는 점에서 새로우며(new) 기성종교의 교리와 차별되는 답변을 시도하고 있다는 점에서 종교적(religious)인 성격을 가지고 있는 단체들에 대한 가치중립적 표현으로 사용된다.

전국적 확산의 전환점이었다.

전국 각지로부터 피난 온 기독교인들로 인해 부산지역 기독교는 성장의 발판을 마련한다. 당시 피난지 부산은 자연적 인구증가가 아닌 유입인구를 통한 상주인구 성장을 경험한다. 해방이 된 1945년 부산 인구는 281,160명(남 142,137명, 여 139,023명)이었지만, 개전 후인 1951년에는 3배에 이르는 844,134명(남 414,054명, 여 430,080명)에 이르게 된다.[3] 피난교회에는, 오늘날의 해외 이민교회들과 마찬가지로, 순수한 신앙적 동기로 교회를 찾는 이들도 있었지만, 고향 소식과 피난살이를 위해 절박한 마음으로 찾아온 이들도 있었다. 현재 부산지역에는 6.25전쟁 시기에 설립된 교회들이 지역 기독교의 근간을 이루고 있다.

한국교회는 6.25전쟁을 통해 새로운 성장의 계기를 마련했으며, 전쟁 시 교회가 겪은 고난과 박해는 새로운 시작과 도약을 의미했다. 특히 피난지 부산지역 기독교 역사에 있어서, 6.25전쟁은 그 성장의 전환점으로 기록되고 있다. 이는 전쟁의 수난 가운데서, 한국교회가 경험한 긍정적 요인이었다.[4]

---

3 부산시, 『부산시 제1회 통계연보』 (부산시, 1962), 9.

4 탁지일, "북미 교회와 한국전쟁 이해: 미국장로교회와 캐나다연합교회를 중심으로", 「한국기독교와 역사」 (2013.9.25.), 300.

6.25전쟁의 시기는 사회적인 불안요인들이 팽배하던 시기였다. 전쟁뿐만 아니라 자연재해와 전염병 등이 만연하던 시기였다. 이러한 불안정한 시기에 기성종교는 아무런 대안을 제시하지 못하고 있었다. 오히려 "사회적 혼란에 같이 휩쓸려 표류"하고 있었으며, "신도들 중에는 이 불안한 현실에서 벗어나기 위한 단언적인 교리와 가시적인 희망을 전하는 카리스마적 인물이나 메시아를 기대하는 경향이 있었다"고 김흥수는 평가한다.[5] 즉 절박하고 불확실한 전쟁 상황 속에서, 무기력한 기성종교보다 오히려 이단들을 대안으로 선택할 수 있는 종교사회적 분위기가 6.25전쟁을 통해 형성된 것이다.

6.25전쟁은 한국교회사적으로 서북과 서울 지역 중심 개신교의 신속한 전국적 확산의 계기가 되었고, 지역교회사적으로는 부산경남지역 개신교 성장의 전환점이 되었다. 하지만 동시에 6.25전쟁은 이단들이 발현하고 성장할 수 있는 종교사회학적 배경이 되었다. 불안정하고 불확실한 전시전후 사회 속에서, 속수무책으로 흔들리던 기성교회를 비판하며, 비록 수적인 면이나 영향력에 있어서는 미미했지만, 이단은 자신들을 대안 세력으로 설득력 있게 제시할 수 있었던 것이다.

5 김흥수, 『한국전쟁과 기복신앙확산연구』 (서울: 한국기독교역사연구소, 1999), 126-7.

6.25전쟁을 전후하여 한국교회의 이단운동들이 본격화되었다. 특히 피난지 부산은 이단운동의 요람이 된다. 서북지역에서 피난 온 문선명이 통일교의 경전인 『원리강론』의 틀을 잡고 통일교(당시 세계기독교통일신령협회) 설립을 준비한 곳도 바로 피난지 부산이었다. 통일교의 문선명과 함께 한국이단운동의 중심인 천부교 박태선의 한국예수교전도관부흥협회의 활동도 6.25전쟁 직후에 본격화된다. 1955년 3월 남산에서의 집회를 시작으로 박태선은 전국을 돌며 집회를 개최한다. 8개월 동안 전국 9개 도시에서 열린 15차례의 집회는 전도관의 설립으로 이어진다. 이후 소사(1957년), 덕소(1962년), 기장(1970년)에 신앙촌을 세우고 본격적으로 조직화를 시도했다. 하지만 1980년대에 이르러 박태선은 예수는 99% 죄인이고, 그렇기에 신약은 폐기되어야 하며, 자신이 5천798세의 하나님이라고 주장하면서 전도관은 몰락하기 시작한다. 그럼에도 박태선에게 영향을 받은 많은 이단이 생겨나게 되는데, 최근 한국교회를 어렵게 하고 있는 신천지도 그들 중 하나다.

무엇보다도 일제하 이단운동은 구원에 대한 성적性的 접근이 두드러진다. 김백문이 대표적인 인물이다. 한국이단운동의 뿌리라고도 할 수 있는 김백문은 문선명과 박태선 등 수많은 기독교이단운동에 직·간접적으로 교리적 영향을 준다. 김백문의 주요 교리서들인 『성신신학』, 『기독교근본원리』, 『신앙인격론』은 문선명의 『원리강론』과 형식과 내용 면에서 상당히 흡사하다.

김백문은 『기독교근본원리』에서 타락에 대해 설명하면서 "여인 해와로서 유인된 바 선악과적 범행이란 사신[뱀]으로 나타난 악령과의 육체적 음행을 말하게 되는 일이니 즉 사신으로 직접적 육체성교를 범행한 데서 해와로서 여자의 처녀 정조를 유린당한 것도 컸으나 혈통에 미친 그 죄악성은 곧 육체의 성욕감을 거기에서 받아가진 그것으로 창조본성의 사랑의 반대 성리인 정욕의 육성으로 악화케 되었던 것이다"라고 주장한다.[6]

문선명도 『원리강론』에서 "인간의 조상이 천사와 행음함으로 말미암아 모든 인간이 '사탄'의 혈통에서 태어나게 되었기 때문이다. …우리는 천사와 인간 사이에 행음관계가 있어서, 그것이 타락의 원인이 되었다는 사실을 알 수 있는 것이다"라고 주장한다.[7] 이러한 타락으로부터 인류를 회복시키는 데 소위 "메시아의 강림과 그 재림의 목적"이 있다는 것이다. 문선명은 이 재림주가 한국에 나타나 지상천국을 건설할 것이라고 주장한다. 문선명이 김백문의 교리에 영향을 받았음을 분

6 김백문, 『기독교근본원리』 (서울: 이스라엘수도원, 1958), 485.

7 문선명, 『원리강론』 (서울: 성화사, 1966), 84.

명하게 보여주는 대목이다.

김백문과 문선명의 주장은 이후 다른 이단단체들의 교리에서도 쉽게 발견된다. 김백문의 타락과 복귀에 대한 주장은 문선명의 영향을 받은 기독교복음선교회(JMS) 정명석에게서도 그대로 반복된다. 결과적으로 이러한 교리로 인해 이단 교주들에 의한 성적性的 문제들이 야기되고 있는 것을 짐작하게 한다. 성聖을 이용해서 성性을 유린하는 것이다. 즉 성적 타락의 회복은 교주와의 성적 관계를 통해 이루어진다는 것이 이들의 감춰진 주장인 것이다. 이러한 복귀과정은 사회적 통념으로는 받아들일 수 없는 비윤리적인 모습으로 나타나 실정법의 제재를 받기도 한다.

흥미로운 사실은 김백문의 영향을 받은 문선명 계열의 이단단체들은 교주를 재림주로, 그리고 박태선 계열은 보혜사로 신격화하는 경향성을 보인다는 점이다. 이는 한국의 이단운동들이 독자적으로 생겨난 것이 아니라, 상호영향을 주고받으며 발흥해왔음을 보여준다. 이로 인해 기독교이단을 연구하는 전문가들은 한국의 이단단체들을 설명하면서 계보系譜라는 표현을 사용한다.

2020년 70주년을 맞는 6.25전쟁의 혼란기는 이단 성장의 '최적기最適期'였으며, 전국 각지에서 모여든 피난민이 불확실한 하루하루를 살아내야만 했던 피난지 부산은 이단 발흥의

'최적지最適地'였다.[8]

절박한 전쟁 상황 속에서, 교회와 이단은 서로 상반된 모습을 노출했다. 교회는 밖으로는 전쟁의 불안정성 가운데 무기력한 모습을 노출하는 한편, 안으로는 일제강점기 신사참배 문제로 인한 분열의 기운을 감지하고 있었다. 그리고 마침내 1952년에 고려파(고신파) 그리고 1953년에 한국기독교장로회(기장)의 분립을 경험한다. 위로와 치유의 메시지가 절박했던 당시의 기독교인들에게, 분열을 거듭하는 교회에 대한 불신은 깊어갔다.

반면 이단들은 6.25전쟁으로 절호의 기회를 맞았다.

첫째, 지리적인 면에서, 강력한 교권의 그늘 아래서 숨죽이며 활동했던 서북지역과는 달리, 동남단 땅끝 불교의 땅 부산에서는 상대적으로 자유로운 활동이 가능했다. 지금도 불자가 다수인 부산지역에서의 이단문제는 교회 안의 밥그릇 싸움 정도로 비춰지고 있으며, 이로 인해 이단과 정통의 구분은 효과적인 구속력을 갖기 힘든 상황이다.

둘째, 심리적인 면에서, 혼란과 불안의 피난지에서 살고 있던 피난민들에게는, 내세의 축복을 강조하며 분열의 모습을

8 탁지일, "6.25전쟁 70주년과 이단", 「국민일보」(2019.12.10.)

노출하는 교회보다, 임박한 종말과 지상천국을 주장하는 이단들의 감언이설이 오히려 설득력 있게 다가왔다. 당연히 안정적 교권이 실재했던 서북지역이나 정치문화의 중심인 서울지역에 비해 다가가기가 더 쉬웠을 것이다. 지푸라기라도 붙잡고 싶었던 피난민들의 공허함과 애통함 사이를 비집고 들어온 이단들의 타이밍은 절묘했다.

셋째, 신앙적인 면에서도 전쟁의 상황은 이단 포교의 옥토였다. "눈을 들어 하늘 보라 어지러운 세상 중에 곳곳마다 상한 영의 탄식 소리 들려온다. 빛을 잃은 많은 사람 길을 잃고 헤매이며 탕자처럼 기진하니 믿는 자여 어이할꼬"(1952년 부산에서 석진영 작사와 박재훈 작곡으로 만들어진 찬송)라고 눈물로 찬송하던 피난 기독교인들에게, 기성교회의 한계와 부족함을 신랄하게 비난하며, 친밀함을 무기로 다가오던 이단들의 접근은 피하기 힘든 미혹이었다.

주목할 점은 사회적 혼란기에 나타나는 비성경적 종말론이 6.25전쟁 시기에 기승을 부렸다는 사실이다. 한국 근현대사 속에서 시한부 종말론은 사회적 혼란기 혹은 전환기에 어김없이 등장했으며, 6.25전쟁 시기에도 다수 등장했다. 또한 이후 민주화와 밀레니엄의 사회적 전환기에도, 다미선교회의 1992년 휴거 소동, 하나님의교회의 1988년, 1999년, 2012년 반복적 시한부 종말론, 신천지의 14만 4천 명 조건부 종말론이 등장해 혹세무민했다.

흥미로운 사실은 시한부 종말론은 실패해도, 이단들의 영향력이 계속 유지된다는 점이다. 2012년 종말을 주장하던 하나님의교회는 종말이 온다던 2012년 한 해 동안 전국 30여 개소에 건물을 매입하며 재산을 증식했고, 신천지는 14만 4천 명의 조건이 충족되었는데도 아무 일도 일어나지 않는 상황에서 국내 곳곳의 부동산 매입에 집중하는 모순적 행태를 보였다. 성경은 물론이고 자신이 과거에 주장했던 교리마저도 언제든지 변개할 수 있는 교주의 존재가 이 모든 것을 가능하게 했다. 그렇기에 결국 종말론이 실패하고 신도들과 가족들은 고통을 당해도, 이단 교주들은 부자가 되는 이율배반의 블랙코미디가 지금까지 반복된 것이다.

이단 신도들은 비성경적 종말론이 실패해도 이단을 쉽게 떠날 수 없었다. 사랑하는 가족과 지인들의 반대를 무릅쓰고 이단들의 비성경적이고 비상식적인 종말론을 선택했던 이들에게, 불발된 시한부 종말론을 인정하는 순간은 곧 자신의 선택이 틀렸다는 사실을 시인해야만 하는 참담한 순간이다. 결국 이를 모면하기 위해 종말론의 실패를 스스로 합리화하는 과정으로 쉽게 발을 내딛게 된다.

현대 이단 발흥이 본격적으로 이루어진 6.25전쟁 발발 70주년을 맞는 2020년, 우리는 그때나 지금이나 변함없이 거리에서 전단지와 설문지를 들고 '종말을 파는 이단'의 폐해와 다양한 이유로 사회로부터 외면받는 '종말을 잊은 교회'의 일탈을 동시에 경험하고 있다.

2. 정치와 이단

6.25전쟁의 혼란기가 한국이단들의 태동기였다면, 군사정권 시기는 이단들의 성장기였다. 군사정권 하 불안정과 갈등의 사회적 분위기 속에서, 이단들은 친정부적 반공反共 활동을 통한 군사정권과의 공생을 통해 안정적 정착을 시도했다.

6.25전쟁과 함께 뿌리내린 이단들은, 군사정권의 등장 후 적극적인 반공·승공·멸공 운동을 통해 그 영향력의 확대를 시도한다. 군사정권이 등장한 1960년 초는, 대표적인 기독교이단인 통일교가 성공적인 미국 진출을 마친 시기와 일치한다. 소수의 통일교 신도들이 베트남전쟁을 지지하며 버클리대학교(University of California, Berkeley) 앞에서 벌인 반공시위가 미국 정부와 CIA의 긍정적인 반응을 얻으면서, 통일교의 존재가 미국 주류사회에 노출되기 시작한 시점이다. 즉 통일교가 반전운동의 중심이었던 버클리대학교에서 베트남전쟁 참전 및 반공시위를 진행하자, 당시 미국 대통령이었던 리처드 닉슨

은 "베트남의 평화를 위한 귀 단체의 3일간의 단식을 통해 베트남의 자유와 정의와 평화를 위한 우리의 싸움을 지지해준 것에 대해 감사드립니다"라는 축전을 보내기까지 한다.[9] 이는 통일교가 미국사회에 가시화되는 결정적인 계기가 된다.

베트남전쟁 지지와 반공운동을 통해 미국사회 내의 인지도 상승을 경험한 통일교는, 자신들의 성장에 있어서 정치권력의 후원이 미치는 이점을 깊이 깨닫는다. 그리고 한국에 등장한 군사정권의 반공정책을 주목하게 된다. 이후 통일교는 군사정권의 반공反共을 뛰어넘어 승공勝共을 주장하게 된다. 통일교의 핵심 교리서인 『원리강론』에서 문선명은 반공산주의적 정서를 뚜렷하게 드러내고 있다. 문선명은, 6.25전쟁은 "동족상쟁同族相爭이 아니라 민주와 공산 두 세계 간의 대결이었고, 나아가서는 하나님과 사탄과의 대결"이었다고 단언한다.[10]

통일교뿐만 아니라 다른 이단들도 반공운동의 대열에 합류하게 된다. 이들은 반공反共을 넘어 승공勝共을, 그리고 이후 여호와새일교단이나 최태민의 대한구국선교단은 멸공滅共을

---

9 Michael L. Mickler, *A History of the Unification Church in America, 1959-1974: Emergence of a National Movement* (New York & London: Garland Publishing, Inc., 1993), 145에서 재인용.

10 세계기독교통일신령협회, 『원리강론』 (서울: 세계기독교통일신령협회, 1995), 555.

주장하게 된다. 이는 6.25전쟁 이후에 등장한 이단들의 공통 분모였다.[11] 한편 기독교계의 반공정서 또한 이단들의 그것과 큰 차별성이 없었다. 남북분단과 이후 자리 잡은 반공정서는 서북지역 교권과 그 영향력이 미치는 범위 안에 팽배해 있었다.[12]

최순실 국정농단의 뿌리로 지목되는 최태민의 경우에도, 대한구국선교단을 통해 군사정권의 지원을 얻으면서 한국교회에 영향력을 뻗치게 된다. 대한구국선교단은 "구국선교 선언"에서 "선교는 곧 멸공의 길이다 … 공산주의와 부정부조리를 동일하게 사탄으로 단정한 우리들은 이 두 가지 적과 신앙적인 싸움을 하지 않을 수가 없다"라고 밝히고 있다.[13] 이는 이 단체가 종교적인 색채보다는 '종교를 이용한 정치조직'의 성격이 더 뚜렷했다는 것을 여실히 보여준다.[14]

통일교를 연구하던 선친 탁명환 소장이 정보기관의 조사를 받게 되었는데, "반공운동을 하는 통일교를 왜 반대하느냐? 당신 빨갱이가 아니냐?"라는 취조관의 심문은 당시의 사회적

---

11 김홍수, 『한국전쟁과 기복신앙확산연구』, 131.

12 한국기독교역사연구소 북한교회사집필위원회, 『북한교회사』 (서울: 한국기독교역사연구소, 1996), 418-22.

13 대한구국선교단, "구국선교의 선언", 「크리스찬신문」 광고 (1976.7.31.)

14 탁지일, "최태민과 한국기독교", 「기독교사상」 (2017.2), 72-3.

분위기와 군사정권과 이단들 간의 운명적 공조관계를 여실히 보여준다. 정통성이 부재했던 독재정권은 충실한 추종자가 필요했고, 후발주자들로서 사회적 신분이 불안정했던 이단들은, 주변사회와 기성교회의 공격으로부터 자신들을 보호해줄 수 있는 강력한 후원자가 필요했던 것이다. 이들의 공조는 불가피한 선택이었다.

한국이단들은 6.25전쟁을 계기로 동시다발적으로 발흥하고, 이어진 군사정권 하에서 적극적인 친정부적 반공활동을 통해 성장의 기틀을 마련한다. 즉 6.25전쟁과 군사정권은 이단역사에 있어서 발흥과 성장의 밑거름이었다. 하지만 군사정권의 몰락과 한국사회의 민주화는 이단들의 성격 변화를 요구하게 되고, 정부의 보호를 목적으로 한 친정부적 성향으로부터 벗어나, 사회의 공신력을 얻기 위한 친사회적 전략으로의 방향 전환을 시도하게 된다.

한편 잊지 말아야 할 것은, 교회와 정치권력의 부적절한 동거도 역시 비판의 대상이 될 수 있다는 점이다. 정치가 교회를 이용하고, 교회는 정치에 스스로 이용당한다면, 교회도 언제든지 한국사회의 부정적인 평가와 비난을 받을 수 있다. 이단들에 대한 한국사회의 부정적 비판이 곧 교회에 대한 긍정적 지지를 의미하지는 않는다는 점을 유념해야 한다.

사리사욕을 본질로 하는 이단사이비와 대의명분을 중요시

하는 정치가 '공생'해서는 안 된다. 한국 근현대사는 공생의 위험성을 여실히 증언하고 있다. '공생共生'이 불가한 이유는, 그 결과가 '공멸共滅'이기 때문이다.

한국 현대사의 주요 키워드는 단연 '정치'일 것이다. 주요한 정치적 사건들이 국내외 정세에 적지 않은 영향을 지속적으로 끼쳐왔고, 정치적 불확실성은 역사적으로 이단들에게 호기로 작용해왔다.[15]

한국 현대사를 돌아보면 군사정권 하에서 이단들의 정치 개입이 직간접적으로 가장 두드러졌다. 이 시기 이단들의 정치적 관심은 두 가지 양상으로 나타났다. 하나는 문선명 유형이고, 다른 하나는 최태민 유형으로 분석할 수 있다.

첫째, 문선명 유형은 돈과 조직이 있었지만, 기독교적 정통성이 부재한 이단이다. 사리사욕을 위한 반공운동의 대가로 얻은 군사정권의 지원에 힘입어 돈도 벌고 조직도 키웠지만, 반기독교적 이단이라는 굴레를 벗어날 수는 없었다. 이로 인해 군사정권에도 통일교와의 공개적인 동거는 부담으로 작용했다.

군사정권은 정권 획득 과정의 정통성이 결여된 정권으로서, 반공운동에 적극적인 문선명의 통일교와 같은 충실한 지

15 탁지일, "2020년 이단 트렌드", 「국민일보」 (2020.1.7.)

원 세력이 필요했던 것도 사실이지만, 드러내놓고 공식적인 관계를 갖기에는 이단문제에 민감했던 한국교회의 정서가 부담됐다.

둘째, 최태민 유형은 돈과 조직은 없지만, 목사라는 공식 직함을 갖고 있던 사이비성 이단이다. 하지만 '이단'으로 분류돼 권력의 주변을 맴돌아야만 했던 문선명과 달리, 비정상적인 방법으로 취득하기는 했지만, '목사'라는 타이틀은 최태민으로 하여금 그의 활동 폭을 합법적으로 확장할 수 있게 해줬다.

최태민은 권력의 핵심에 선을 댄 후 거침없이 정치적 영향력을 행사할 힘을 갖게 됐다. 하지만 정통성이 부재했던 '목사'와 '정권'의 동침은 결국 오늘날 정치적 혼란의 발단이 된 최순실 국정농단 사건에 깊은 영향을 주게 된다.

문선명과 최태민은, 서로에게 필요한 것을 갖고 있었다. '이단' 문선명에게는 돈과 조직이 있었고 '목사' 최태민에게는 정치적 힘이 있었다. 문선명은 이단이라는 손가락질을 받으며 활동 제약을 느껴야 했지만, 최태민은 비정상적 방법으로 급조된 목사라는 신분으로 자유롭게 활동할 수 있었다.

그리고 군사정권은 이 둘을 적절하게 이용했다. 문선명과 최태민은 군사정권의 더 큰 관심을 받기 위해, 반공을 넘어 승공과 멸공을 주장하기에 이른다. 민족을 위한 소신 있는 반공운동이 아니라, 사욕을 위한 위장된 승공과 멸공이었다. 문선명과 최태민에게 정치권력은 강력한 후견인이었으며, 군사정권에 이 두 사람은 충실한 지지자들이었다. 이처럼 이단과 정치의 부적절한 동거는 한국사회 병리현상의 주요한 원인으로 작용해오면서, 사회와 교회에 부정적인 영향을 끼쳐왔다.

한국이단들은 정치적 불안정성이라는 기회를 결코 놓치지 않았다. 1950년대 6.25전쟁으로 사회와 교회의 통제력이 약화된 혼란기에 대거 발흥했으며, 1960~70년대 국민 다수의 동의와 민주적 정치력이 부재했던 군사정권 밑에서 성장 발판을 마련했다. 이후 1980~90년대 민주화의 격동기에는 합법성과 다양성을 내세워 확산되기 시작했으며, 2000년대 이후 정치적으로 양극화된 대립구도 속에서 줄타기하며 정치권력에 다가서고 있다.

선거 등 정치적으로 민감한 시기가 다가오면 이를 악용하려는 이단들의 심상치 않은 동향들이 감지되곤 한다. 정치권은 자신들의 정치적 목적을 위해 이단들을 이용하는 잘못을 또다시 범해서는 안 된다. 만약 정치인들이 권력을 얻기 위해, 수단과 방법을 가리지 않고 이단들마저 이용할 경우, 제2, 제3의 문선명과 최태민이 언제든 등장해 사회적 혼란을 일으킬 수 있다. 촛불과 태극기로 나뉜 오늘의 한국사회를 향해 질곡의 한국 현대사가 던지는 역사적 경고에 귀 기울여야 한다.

3. 다문화사회와 이단

1980년대 중반 한국사회 민주화는, '교회의 보수화'와 '이단들의 친사회화'로 이어진다. 1970년대 전후 민주화운동의 구심점 역할을 해오던 한국교회는, 사회 민주화 진행과 함께 보수적 경향성이 나타나기 시작한다. 교회사적으로 사회의 민주화는 교회의 보수화를 초래했고, 사회의 모순 심화는 교회의 사회참여적 성격을 강화시켜왔다.[16] 한편 민주화 이후 이단들은 사회적 순기능을 특징으로 하는 친사회적 경향성을 보여준다. 물론 교리적 핵심 주장에는 변함이 없었다. 즉 내용이 아닌 형식의 변화였다.

기성종교에 비해 이단들의 체질 변화는 상대적으로 훨씬 더 수월한 편이다. 이는 신격화된 교주의 존재와 깊이 연관되어 있다. 교회의 경우, 성경 중심의 신앙고백을 변경하기란 거의 불가능하다. 하지만 신격화된 교주가 존재하는 이단의 경우, 성경뿐만 아니라 자신의 기존 교리를 변개하는 데 거침이 없다. 교주의 가르침은 곧 현재적인 계시이기 때문이다. 이 경

16 일제강점기 초기의 한국교회 민족운동과 1970년대를 전후로 한 한국교회 민주화운동은, 3.1운동과 1987년 민주화 이후 사회운동권의 활성화와 함께 보수화되는 경향성을 보인다.

우 변개된 교리에 '옳고 그름'이 아니라 '순종과 불순종'의 잣대로 적용된다.

미국 서부의 신흥종교 운동 연구기관인 산타바바라의 캘리포니아대학교(University of California, Santa Barbara)의 종교연구소(The Center for the Study of Religion)는 캘리포니아 지역에서 발흥한 신흥종교 운동들의 특징을 다섯 가지 유형으로 분류한다. 즉 첫째, 모든 종교운동은 카리스마적인 지도자(prophet)를 필요로 하며, 둘째, 종교 지도자는 기존의 종교적 가르침과는 구별되는 독창적인 교리(promise)를 가지고 있어야 하고, 셋째, 새로운 교리뿐만 아니라 이를 현실화할 수 있는 구체적인 계획(plan)이 필요하다는 것이다. 그리고 넷째, 상대적으로 후발주자인 신흥종교 운동들에게는 그들의 생존 가능성(possibility)을 높이기 위해 정치·경제·문화 등의 주변 환경을 적절하게 활용하는 능력이 필요하며, 마지막으로 새로운 종교운동이 지속적으로 성장해나가기 위해서는 안전한 거점(place)을 필요로 한다는 분석이다. 이러한 분석(5Ps)은 기독교계 신흥종교 운동들의 성격을 규명하는 데 좋은 분석 틀이 되고 있다.[17]

---

17 John Simmons & Brian Wilson, *Competing Visions of Paradise: The California Experience of Nineteenth-Century American Sectarianism* (Santa Barbara: Fithian Press, 1993), 9-21.

하지만 한국 신흥종교 운동의 유형분류는, 부정적 가치판단보다 가치중립적 접근이 주를 이루는 위의 유형분류와는 다른 양상을 보여준다. 전라도지역의 신흥종교 운동들에 대한 현장 중심의 미시적 연구를 진행했지만, 그 결과를 통해 세계적인 수준의 거시적 통찰력을 보여주었던 이강오는 신흥종교 운동 설립과 정착의 필요조건에 대해 분석하면서, "구세주의 출현(prophet)", "종래에 볼 수 없었던 새로운 교리(promise)", "이상 세계의 개벽(plan)", "사회적 상황(possibility)", "신도의 이탈을 막기 위한 일정한 근거지로서의 집단 신앙체(place)" 등의 성격을 제시하고, 나아가 이를 공통점으로 들고 있다. 또한 이강오는 "이 교단 저 교단의 교의를 적당히 조합하여 이루어진" "조합형組合形"과 "생업을 목적으로 교단을 임의로 만든 … 일종의 사이비종교"인 "기업형企業形"을 한국 신흥종교 운동의 현상으로 분석한다.[18]

이단들의 경우, 위에 언급한 필요조건들을 충족한 단체들이 지속성과 영향력을 확보해나가고 있는 것을 보여준다. 이와 함께, 한국에서 발흥한 단체들은 한국 중심적인 특징을 보여준다. 첫째, 자신들의 한국인韓國人 지도자가 바로 재림 그

18 이강오, 『韓國新興宗敎摠監』 (서울: 도서출판 대흥기획, 1992), 35-9 그리고 9-10.

리스도 혹은 보혜사 성령인 것을 주장하고, 둘째, 한국어韓國語로 된 자신들의 계시와 경전을 통해 불완전한 성서의 가르침이 완성될 수 있으며, 셋째, 오직 자신들에게 속한, 대부분이 한국인韓國人들인 14만 4,000명만이 구원받고, 넷째, 자신들이 영향력을 갖는 지상천국이 한국韓國에 건설되며, 다섯째, 성서에서 말한 동방이 바로 한국韓國이라는 등의 대동소이한 주장을 한다.[19]

한국이 성경에 나오는 "동방"이라는 주장은 한국이단들이 주로 언급하는 일반적 주장들 중 하나다. 성경 이사야 41장 2절의 "누가 동방에서 사람을 일깨워서 공의로 그를 불러 자기 발 앞에 이르게 하였느냐 열국을 그의 앞에 넘겨주며 그가 왕들을 다스리게 하되 그들이 그의 칼에 티끌 같게, 그의 활에 불리는 초개같게 하매"에 나오는 "동방"을 한국으로 해석한다. 박태선을 비롯한 한국이단들의 주장에 따르면, 중국이 "동방"이 아닌 이유는 한국의 서쪽에 위치하기 때문이고, 일본이 "동방"이 아닌 이유는 41장 1절에 "섬들아 내 앞에서 잠잠하라"에 대한 해석의 결과라는 것이다. 이러한 자의적 성경 해석이 가능한 이유는 물론 성경의 권위를 뛰어넘는 신격화된 이

---

19 탁지일, "한국이단의 세례요한 이해: 기독교복음선교회(JMS)와 신천지의 교리와 계보를 중심으로", 「신학사상」 (2017 여름), 172.

단 교주가 있기 때문이다.

이단운동의 성패를 가름하는 이러한 필요조건들과 함께, 한국사회의 민주화 이후 발흥한 이단들은 기존의 단체들과 차별화된 특징들을 보여준다. 즉 군사정권 하에서의 반공운동에 견줄 수 있는 새롭게 업그레이드된 특징들이 나타나고 있다.

첫째, '사리사욕'이다. 겉으로는 시한부 혹은 조건부 종말론을 내세우지만, 실제로는 부동산 매입 등의 사리사욕을 채우는 데 집중한다. 예를 들면 2012년 종말을 주장하던 하나님의교회가, 2012년 한 해 동안만 전국 29개 지역의 땅을 사고, 건물을 마련하는 이율배반적인 행동을 했으며, 또한 신도 수가 14만 4,000명에 이르면 육체영생하고 왕과 같은 제사장이 된다던 신천지는, 약속한 신도 수가 넘었는데도 불구하고 부동산 매입과 건축에 혈안이 되어 있다.

둘째, '세대교체'이다. 주요 이단들의 세대교체가 진행 중이다. 성공적인 세대교체를 이룬 이단은 하나님의교회가 거의 유일하다. 소위 "아버지 하나님" 안상홍에서 "어머니 하나님" 장길자로의 세대교체가 성공적으로 이루어졌다. 종교사회학적으로는 신흥종교로의 정착이 이루어졌다고 평가할 수 있다. 하지만 통일교와 신천지 등 대다수 이단들의 세대교체는 현재 진행 중이다.

셋째, '여성시대'이다. 주요 이단들의 후계자가 대부분 여성이다. 통일교의 한학자, 기독교복음선교회(JMS)의 정조은, 하나님의교회의 장길자, 신천지의 김남희, 중국이단인 전능신교(동방번개)의 양향빈 등의 여성들은 6천년 만에 태어난 재림주 독생녀, 어머니 하나님, 이긴자(이긴 자)의 영적 배필 혹은 재림 그리스도 등으로 신격화되었거나 현재도 신격화작업 중이다.[20] 하지만 이들 여성 후계자들의 배후에는 일반적으로 전권을 가진 실세 남성(들)이 존재하고 있다.

넷째, '해외진출'이다. 한국이단들이 한류바람을 타고, 성공적으로 세계화하고 있다. 신천지처럼, 해외 교민사회에 침투하는 단체들도 있고, 하나님의교회와 기쁜소식선교회 국제청소년연합(IYF)처럼 현지인을 주로 포교대상으로 삼는 단체들도 있다.

다섯째, '사회봉사'이다. 사회봉사가 이단들의 특징이 되었다. 최근 성장하는 이단들은 앞다투어 사회봉사활동을 펼치고 있다. 그들은 국내외 봉사활동을 전면에 내걸고 활동하고 있다. 무엇보다도 이러한 성격 변화는, 오늘의 한국교회의 모

---

20 신천지 김남희는 이만희로부터 축출되었는데, 이로 인해 김남희를 후계자로 지명했던 소위 "예수의 영이 함께한다"는 이만희의 불완전성이 오히려 노출되었다.

습과 무관하지 않다. 만약 '사회봉사에 헌신적인 이단'과 '개교회주의와 교파주의에 익숙한 이기적인 교회'가 있다면, 한국사회는 어느 쪽을 더 선호할까? 사회적 순기능을 하며 '표창장을 받는 이단'과 사회적 역기능을 노출하며 '비판의 대상으로 떠오른 교회' 중에서, 한국사회가 어느 쪽을 더 선호할지는 자명하다.[21]

최근 성장하는 이단들은, 소수의 기독교인들에게 교리적인 인정을 받는 것보다, 다수의 비기독교인들에게 사회적인 공신력을 얻기 위해 노력한다. 한국교회가 병리현상을 극복하고, 건강성과 사회의 신뢰를 다시 회복하지 못한다면, 이단들의 도전에 효과적으로 대처하기 어렵다.

'사회가 외면한 교회'를 '교회가 정죄한 이단'은 어떻게 바라볼까? 이단은 교회의 교리적 인정보다 차라리 사회의 공신력 확보에 더욱 비중을 둘 것이다. '비윤리적인 교회 지도자'를 '신격화된 이단 교주'가 어떻게 평가할까? 교회가 이단을 교리적으로 비판하는 동안, 사회는 자가당착의 교회를 냉소적으로 바라볼 것이다. '종말을 잊은 교회'를 '종말을 파는 이단'은 어떻게 이해할까? 종말론은 기독교 신앙의 핵심이다.

---

21 탁지일, "이단, 활발한 '세대교체'와 '해외진출'", 「목회와 신학」(2015.12), 54-7 참조.

종말적 소망을 잊은 듯 현재의 안위에 집착하는 교회가 이단의 시한부 종말론을 비판할 수 없다고 주장할 것이다. '소유에 집착하는 교회'를 보며 '가정마저도 포기하는 이단 신도'는 어떻게 생각할까? 이기적 손익계산에 집착하는 기독교인들을 보며, 가정과 직장과 학업을 스스로 포기하는 자신들의 결정을 합리화하고 영웅시할 것이다.[22]

한국기독교는 그 전래 이후 한국 민족과 사회를 위한 순기능을 수행해왔다. 구한말 몰락해가는 조선왕실을 도우며 조선의 자주권 회복을 위해 힘썼으며, 의술을 베풀어 질병 치료를 도왔고, 낙후된 위생 환경의 개선을 시도했고, 근대교육의 발전을 주도했으며, 여성의 권익 신장을 도왔고, 한글의 발전에도 중요한 기여를 했다. 일제강점기 민족의 수난에 동참하는 한편, 항일독립운동을 다양하게 지원했다. 6.25전쟁 시기와 전후에는 적극적인 구호사업을 펼쳤으며, 독재정권의 산업화 시기에는 민주화를 도우며, 인권 수호를 위해서도 활발한 지원활동을 했다.

한국사회는 이러한 기독교의 사회적 순기능을 잘 기억하고 있다. 그렇기에 한국교회를 향한 한국사회의 비판이 냉정하고 날카로울 수 있는 것이다. 사회의 비판 목소리를 교회가 겸

22 탁지일, 『교회와 이단』 (서울: 두란노, 2016) 참조.

허히 받아들인다면 다시 한 번 한국역사 속에서 긍정적인 역할을 수행할 수 있는 발판을 만들 수 있지만, 만약 이러한 목소리를 외면한다면 교회는 사회에 의해 개혁당할 수 있다. 한국교회가 믿음과 행위가 불일치하는 이율배반적 삶과 신앙의 모습을 노출하는 한, 이단들이 친사회적 활동을 통해 사회적 공신력을 획득해나가는 것을 막을 수 없다. 한국교회의 병리현상은 이단들에게는 성장을 위한 옥토沃土가 된다.

무엇보다도 기독교이단들의 발흥은 기독교의 부흥성장기에 집중적으로 이루어진다는 교회사적 현상에 주목해야 한다. 기독교의 괄목할 만한 성장이 진행되던 초대교회 첫 300년 동안 대표적인 이단들이 등장했으며, 19세기 초 미국의 제2차 대각성운동을 계기로 대표적인 미국 기독교계 신흥종교운동들인 예수그리스도후기성도교회(모르몬교), 여호와의 증인, 제칠일안식일예수재림교회(안식교) 등이 설립되었고, 20세기 초 한국 대부흥운동의 현장인 서북지역의 영향권에서 다양한 신비주의 종파들을 비롯해 통일교의 문선명과 전도관의 박태선이 등장한다.[23]

이단들은 너도나도 자신들이 타락한 교회와 목회자들의 대안이라고 주장하면서, 자신들의 차별화된 존재이유를 합리화

23 탁지일, 『이단』 (서울: 두란노, 2014), 222-5 참조.

하는 데 적극적이다. 만약 정체성을 상실한 교회가 이단을 비판한다면, 한국사회는 "너나 잘하세요!"라는 냉소적인 한마디를 던질지도 모른다. 정결한 교회만이, 복음을 훼손하고 교회와 가정에 혼란을 야기하는 역기능적 이단들에 효과적으로 대처할 수 있다.

4. 통일과 이단

2018년 12월 26일 개성 판문역에서 '남북 경의선·동해선 철도·도로 연결 및 현대화 착공식'이 열렸다. 남북 철도를 따라 이단 루트가 조성되는 것은 아닌지 걱정이다. 한반도에서 시작해 동서양을 가로지르는 철도노선을 따라가다 보면, 북한에는 통일교가 안정적으로 정착해 있고, 중국 동북3성에는 온갖 한국이단들이 진출해 있으며, 몽골과 러시아에도 국내외 이단들이 활발한 포교활동을 벌이고 있다. 이 철도노선의 끝자락 유럽에도 이미 대부분의 한국이단들이 거점을 마련하고 성업 중이다.

만약 남북한 철도가 연결된다면, 한반도와 중국 동북3성, 몽골, 러시아, 유럽을 잇는 육상 실크로드가 구축될 것이고, 철도노선 주변 지역에 산재해 있는 한국이단들의 성장과 네트워킹 또한 급물살을 탈 것이다. 바야흐로 한·중·러와 유럽을 잇는 대륙횡단 이단 루트가 조성되는 것이다.

유라시아 철도노선은 한반도에서 시작된다. 경의선은 서울에서 출발해 개성, 평양, 신의주를 지나, 중국횡단철도(TCR)로 연결되고 이는 몽골횡단철도(TMGR)와 만주횡단철도(TMR)를 만난 후, 다시 시베리아횡단철도(TSR)로 이어진다. 그리고 이 노선은 유럽 각지를 잇는 유레일(Eurail)로 연결된다. 이러한 대륙횡단 철도의 등장이 동서를 잇는 '복음전도의 통로'가 될지 아니면 '이단 확산의 루트'가 될지 모르는 상황이다.

남북한 철도 연결 구상은 2018년에 구체화되었다. 4·27 판문점선언과 9·19 평양공동선언의 후속조치로 미국의 지지와 유엔의 대북제재 면제 승인을 받아 진행되었고, 11월 30일부터 12월 17일까지 18일간 남북 철도 연결·현대화를 위한 경의선(400km)과 동해선(800km)에 대한 북쪽 구간 공동조사 사업이 이뤄졌다. 또한 이미 2007년부터 1년 동안 화물열차가 주 5회 간격으로 남측 도라산역과 북측 판문역 구간을 운행한 적이 있기 때문에 남북 철도를 잇는 기술적 어려움도 이미 해소된 상태다.

만약 남북 철도의 운행이 현실화된다면, 한편으로 이는 '한국교회사 성지순례의 길'이 될 것이다. 서울에서 신의주에 이르는 서북지역 철도노선의 주요거점들은 초기 한국교회의 중심 지역들이었기 때문이다. 평양대부흥운동 전야인 1906년에 개통된 경의선은, 당시 한국교회 선교와 부흥성장의 중심인 서울, 평양, 신의주 등의 서북지역을 관통하는 노선이었다.

경의선 남북 철도는 "동방의 예루살렘"으로 불렸던 평양을 지나, 서북지역 기독교의 중심이었던 선천, 정주, 신의주로 이어진다. 구한말과 일제강점기 당시 한국기독교의 교세는 서북지역과 비서북지역 기독교로 나눠질 정도로, 서북지역은 절대다수의 기독교인들이 모여 있던 한국기독교의 중심이었다. 그렇기에 다시 이곳에 복음을 전하기 위해 그리고 100년 전 그때처럼 다시 부흥의 불길을 일으키기 위해, 수많은 사역자들이 북한선교를 준비하고 있는 것이다.

하지만 한국교회의 북한선교가 순탄해보이지는 않는다. 과연 한국교회의 복음전도를 이미 북녘하늘 아래 안정적으로 정착해 있는 통일교가 그냥 지켜만 볼지 의문이다. 아마도 적그리스도를 왕으로 선포하려는 통일교와 다시 하나님의 이름을 선포하려는 한국교회 간의 피할 수 없는 거룩한 싸움이 일어날 수밖에 없을 것이다. 북한선교는 결코 눈물만 흘리는 낭만적인 선교가 아니다. 이단 대처 없는 북한선교는 생각할 수 없다.

남북 철도를 따라 한반도 서북단 끝자락의 신의주에서 압록강 철교를 건너면 중국 동북3성으로 이어진다. 동북3성에는 수많은 조선족이 살고 있다. 구한말과 일제강점기 나라 잃은 설움을 안고 두만강과 압록강을 건넜고, 민족을 살리기 위해 복음을 받아들이고, 오롯이 복음을 위해 살았던 신실한 믿음의 선진들의 흔적들이 남아 있는 곳이다. 현재 이곳에서는 한국이단들이 조선족 동포들을 미혹하고, 이들을 통해 중국 전역으로 미혹의 손길을 펼치고 있다. 안타깝지만 중국이단들의 주요한 발흥지인 동북3성이 한국이단들의 포교 거점이 되어버렸다.

대륙횡단 이단 루트의 조성은 한국교회에게 새로운 도전이다. 남북해빙기, 남북정상들의 만남과 남북 철도의 연결을 한국교회가 마냥 기뻐할 수만은 없는 이유가 여기에 있다. 남북교류의 활성화는 곧 북한과 중국 동북3성에 거점을 확보하고 활동하는 한국이단들의 영향력 확대로 이어질 수 있기 때문이다. 이단 대처의 관점에서, 한반도 평화 정착이 '북한선교의 기회'인 동시에 '이단문제로 인한 위기'의 시작일 수 있는 다음의 이유들이 있다.

첫째, 1992년 문선명과 김일성의 만남 이후, 통일교는 북한 진출의 광폭 행보를 이어오고 있다. 문선명의 고향인 평안북도 정주 생가터에 '정주평화공원'이 세워졌고, 이곳을 찾는 통일교 신도들의 성지순례가 이어지고 있다. 평양 중심에는 북한에서 최대 흑자를 올린 통일교 소유 '보통강호텔'이 있고,

건너편에는 '통일교평양가정교회'가 위치한 '세계평화센터'가 있다. 2013년 말에는 통일교가 70% 지분을 확보하고 있던 '평화자동차'를 북한에 무상 양도하고, 그 대가로 북한 전역을 아우르는 유통망을 허가받았다는 소식도 들린다. 개성을 중심으로 한 남한기업의 대북사업은 제한적이고 불안정하지만, 통일교 대북사업은 흔들림 없이 안정적으로 진행되고 있다. 게다가 매년 문선명의 생일에는, 백주 대낮 서울 한복판 최고급 호텔에서, 김일성, 김정일, 김정은이 보내는 산삼과 풍산개 등의 선물이 통일교에 전달되었다. 통일교의 대북 진출은 지금 치외법권 지역에서 본격화되고 있다.

둘째, 남북평화 국면의 조성은, 중국 동북3성에서 활동하고 있는 한국이단들의 북한 진출을 용이하게 만들 전망이다. 지린성吉林省, 랴오닝성遼寧省, 헤이룽장성黑龍江省 등 동북3성은 재중 동포들이 집중적으로 거주하는 지역이며, 중국이단들이 다수 발흥한 지역이다. 현재 이곳에는 신천지, 하나님의교회, 구원파를 비롯한 대부분의 한국이단들이 공격적인 포교활동을 펼치고 있으며, 조선족 신도들을 통해 중국 전역으로 확산되고 있다. 동북3성은 중국과 북한 진출을 위한 한국이단들의 베이스캠프가 되었다. 이들 한국이단들의 무분별한 포교활동으로 인해 위기감을 느낀 중국정부가 한국 선교사들을 정기적으로 추방하고 있다는 분석도 있다. 남북교류의 활성화는 한국이단들에게 북한과 중국 포교를 위한 절호의 기회를 제공할 전망이다.

셋째, 국내에 거주하는 북한이탈주민과 조선족 동포들에 대한 이단들의 접근도 예의주시할 필요가 있다. 남한에서 불확실하고 불안정한 시기를 보내고 있는 이들에게, 이단들은 거절하기 힘든 도움의 손길을 주며 다가서고 있다. 남북교류가 본격화된 후, 이들이 고향으로 돌아가 가족과 지인들을 대상으로 포교활동을 하게 된다면, 북한과 동북3성에서 한국이단들의 영향력은 더욱 커질 것이다. 국내거주 새터민들과 조선족 동포들을 위한 전략적 차원에서의 선교가 진행되어야 한다. 남한, 북한, 동북3성을 잇는 '실크로드'가 '이단 루트'가 되는 위기의 순간이 다가오는 것은 아닌지 염려된다.

무엇보다 한국교회의 연합적 이단 대처가 아쉽다. 이단들은 조직적이고 체계적으로 북한에 진출하고 있지만, 한국교회는 경쟁적이고 낭만적으로 통일문제에 접근하고 있다. 북한선교는 보여주기식 통일운동을 넘어, 이단 대처 활동과 병행하여 치밀하고 전략적으로 전개되어야 한다. 불교와 천주교와는 달리, 한국교회의 사분오열된 연합 운동은 이단 대처 전선의 혼란으로 고스란히 나타나고 있기 때문이다.

남북해빙기, 동북아 이단 대처를 위한 한국교회의 연합적 대책 마련이 절박한 시점이다. 한 세기 전 부흥의 불길이 일어났던 '동방의 예루살렘' 평양으로 한국교회가 다시 복음을 들고 찾아가는 날, 이미 그곳에 안정적으로 정착해 있는 이단들과 피할 수 없는 거룩한 싸움을 시작해야 하는 폭풍전야에 한국교회는 서 있다.

5. 이단의 계보

이단들은 예수 그리스도가 아니라 사람을 신격화하고, 하나님의 기록된 말씀인 성경이 아니라 비성경적인 주장을 내세우며, 자신들만의 배타적 구원을 강조한다. 이러한 활동의 중심에는 하나님, 재림 그리스도, 보혜사 성령 등으로 신격화된 인물이 있다.

흥미로운 점은 재림 그리스도로 자신을 신격화한 이단 교주는 대부분 자신이 메시아임을 증명해줄 세례요한의 존재를 필요로 한다는 사실이다. 자신이 재림 그리스도가 될 수밖에 없는 필연성을, 자신의 등장을 앞서 준비한 세례요한을 통해 설명하려고 하기 때문이다. 한편 재림 그리스도로 추앙받던 이단 교주는, 그를 따르던 후계자에 의해 세례요한으로 전락하기도 하고, 후계자가 새로운 재림 그리스도로 등장하기도 한다.

한편 이단들의 자의적인 성경 해석은 한국인 이단 교주 등장의 필연성을 강조하는 데 초점이 맞춰져 있다. 교리교육의 목적도 예수 그리스도가 아니라 신격화된 이단 교주에게 맞춰져 있다. 특히 자신이 바로 재림 그리스도인 것을 입증하고, 세력을 확대하고 조직을 체계화하기 위해 사용할 수 있는 성경구절들을 취사선택하여 왜곡하거나 자의적으로 해석한다.

하지만 후계구도가 구축되어야 할 시점에 이르게 되면, 대부분 권력 다툼을 통한 분파가 진행되는데, 이 과정에서 후계자는 한때 자신이 재림 그리스도로 추종했던 기존의 이단 교주를 세례요한으로 폄하하고, 스스로 재림 그리스도의 자리에 올라서려는 시도를 하게 된다. 만약 이러한 시도가 성공하면, 재림 그리스도로 추앙받던 기존의 이단 교주는, 후계자(들)에 의해 세례요한으로 전락한다. 그리고 재림 그리스도의 위치를 열망하는 후계자는, 세례요한에 대한 새로운 해석을 시도하며, 기존 재림 그리스도의 세력과 영향력을 자신의 것으로 장악하려는 계획을 진행한다. 이처럼 한국이단들의 세례요한에 관한 교리는 새로운 이단들의 등장을 위한 주요한 교리적 근거로 활용된다.

한국이단의 세례요한에 대한 이해는 전통적인 성경과 교회역사에 나타난 이해와 차이를 보인다. 즉 성경과 교회역사가 예수 그리스도와 세례요한의 상호보완적인 면에 초점을 맞추고 있다면, 한국이단은 그 관계적 긴장과 갈등에 집요한 관심을 갖고, 자의적인 해석을 시도한다. 즉 성경에 등장하는 세례요한은 예수의 등장에 앞서 그 길을 준비해야 하는 인물이었지만, 한국이단들의 교리에는 그 사명이 실패하거나 예수를 의도적으로 배신한 인물로 묘사된다.

이러한 현상은 한국이단의 뿌리인 통일교 문선명과 전도관 박태선과 장막성전 유재열의 영향을 직접적으로 받은 기독교복음선교회(JMS) 정명석과 신천지 이만희에게서 전형적으로 나타난다. 정명석은 문선명을 "실패한 세례요한"으로, 이만희는 유재열을 "배도한 세례요한"으로 이해한다.

첫째, 정명석은 30개론을 통해 세례요한이 누구인지를 설명한다. 30개론 고급편의 "세례요한과 예수님의 관계사명"이란 항목에서, "아담 이후 4000년 동안 유대인들은 오직 메시아를 기다렸다. 그런데 유대인들이 메시아보다 더 기다린 자가 있었으니 바로 엘리야"라고 주장하면서, "하나님께서 크고 두려운 날이 이르기 전 즉, 메시아를 보내기 전에 선지자 엘리야를 먼저 보내겠다고 약속하셨기 때문"이라고 그 이유를 설명한다.[24] 그리고 말라기 4장 5절의 "보라 여호와의 크고 두려운 날이 이르기 전에 내가 선지 엘리야를 너희에게 보내리니"

24 정명석, 『30개론 강의안』 (서울: 도서출판 명, 2002), 173.

라는 내용을 그 근거로 제시한다.

주목할 점은 정명석은 예수와 세례요한의 관계를 상호보완적인 관계가 아니라 갈등과 긴장 관계로 바라본다는 사실이다. 즉 예수와 세례요한이 동시에 활동을 시작하자 "그 조그만 나라에 두 사람이나 나타나 외치는 바람에 유대인들은 그만 혼란"에 빠졌고, 그래서 제사장들이 이들 "두 사람의 신상과 배경을 조사"했는데, "세례요한은 간판 좋고 배경 좋은 각광 받는 선생이었다. 게다가 존경받던 제사장 사가랴의 아들로 어머니는 엘리사벳이었고, 태어날 때 신기한 기사와 이적이 있어 많은 사람을 놀라게도 했었다. 그리고 세례요한은 구약 율법에 뛰어난 자였다. 신앙적으로 볼지라도 세례요한은 광야에서 독실한 수도생활을 마친 대단한 경력의 소유자"였고, 반면 "예수님은 세례요한과 비교해볼 때 별로 내세울 만한 간판이 없었다. 시골 나사렛의 가난한 목수 요셉의 아들로 어머니는 마리아이고, 겉으로 드러난 모습은 너무나도 초라하고 보잘것없었다. 경력도 크게 드러난 것이 없는 무명의 시골 청년일 뿐만 아니라 생활 처지를 봐도 어부, 창녀, 세리들과 같이 먹고 마시면서 어울려 다녔다. 그리고 신앙적으로 보면 유대인의 눈에 예수는 안식일을 범하는가(마 12:1-7) 하면 자기가 하나님의 아들이라(요 14:9)고까지 하니 그야말로 믿을 수 없는

사람으로 보였다"고 주장한다.[25]

조사를 마친 유대인들이 세례요한을 찾아가 엘리야냐고 물었을 때 아니라는 답변을 들었는데, 이로 인해 세례요한의 사역은 실패했다는 것이다. 즉 그가 자신을 엘리야라고 말하고, 예수가 메시아인 것을 밝혔다면 모두가 예수님을 따랐을 것인데, "그러나 요한은 유대인들이 예수님 앞으로 갈 수 없게 만들고 또한 섭리역사도 깨지게 하고 만 것이다. 게다가 예수님은 세례요한이 엘리야라고 했는데 정작 세례요한은 아니라고 했으니 예수님이 얼마나 우스운 꼴이 되어버린 것인가"라고 해석하면서, "결국 세례요한은 주님 증거도 하지 못하고 정치 이야기나 하다가 헤롯에 의해 죽임을 당하고 만다"고 결론짓는다.[26]

정명석은 나아가 세례요한이 거짓말을 했다고 주장한다. 세례요한이 예수가 메시아인 것을 알고도 부인했다는 것이다. 그 근거로 요한복음 1장 33-34절과 마태복음 3장 11-17절을 제시한다. 정명석은 "그는 메시아를 따르지 않았다. 예수님과 하나가 되어 따르지 못하고 자기는 자기 나름대로 제자

25 정명석, 『30개론 강의안』, 173.

26 같은 책, 175-6.

를 양성하며 따로 놀았다"고 비난한다.[27]

정명석은 마태복음 11장 11절의 "내가 진실로 너희에게 말하노니 여자가 낳은 자 중에 세례요한보다 큰 이가 일어남이 없도다 그러나 천국에서는 극히 작은 자라도 그보다 크니라"는 구절을 해석하면서, 세례요한이 "가장 큰 자가 될 수 있었는데 메시아를 증거하는 책임 분담을 하지 못했기에 가장 작은 자가 될 수밖에 없다고 하신 것이다"라고 주장한다.[28] 그래서 이때로부터 천국이 침노당하기 시작했는데, 결국 이로 인해 세례요한은 예수의 수제자가 되는 자격을 베드로에게 빼앗겼다는 것이다. 정명석은 예수와 세례요한의 관계에 대해, "세례요한은 예수님을 제대로 몰랐다. 무엇보다도 그는 자기를 몰랐다. 세례요한이 대답을 잘못함으로 그때부터 본격적으로 예수님도 세례요한도 짓밟히기 시작했고 결국 그는 죽음의 길을 가게 된다"고 결론 내린다.[29]

정명석은 예수와 세례요한을 "두 감람나무"(슥 4:11)와 "두 승

27 정명석, 『30개론 강의안』, 175-6.

28 같은 책, 178.

29 같은 책, 179. 세례요한의 죽음 원인에 대해, 정명석은 "종교인이면 종교 일에나 열심을 낼 것이지 정치에 관여하고 왕의 사랑 문제를 건드리다가 목이 잘려 죽었다. 세례요한은 순교한 것이 아니다. 주님을 제대로 증거하지 못하고 자기 제자나 양성하면서 따로 놀다가 실로 어처구니없는 죽음을 당한 것이다"라고 비난한다.

인"(계 11:3)으로 이해한다. "하나님께서는 시대마다 두 감람나무, 즉 두 사람을 세워서 섭리하셨는데 보다 영적인 지도자와 보다 육적인 지도자, 이렇게 둘씩 세우셨다"고 설명하면서, "두 감람나무 두 증인은 서로 짝이기에 절대적으로 하나 되어야 한다. 하나 될 때 모든 역사가 이루어지게 되어 있다"라고 주장한다.[30] 물론 정명석도 이 시대의 두 감람나무 중 하나로 등장한다.

그렇다면 또 다른 감람나무는 누구일까? 만약 정명석이 예수라면 세례요한은 누구일까? 정명석은 통일교 신도였다. 1975년 3월 20일에 세계기독교통일신령협회장에게 제출한 자필 입회원서에 따르면, 정명석은 충남 금산 통일교 진산교회에 소속되어 있었으며, 1974년 11월 15일에 통일교에 입교했다고 되어 있다. 자신의 신앙경력에 대해서는 장로교에서 20년 동안 집사로 있었으며, 직업은 "복음전파"라고 적고 있다.[31]

정명석의 『선생님의 생애와 사상』에 기록된 연표에 따르면, 1975년 6월 8일 통일교 세계구국대성회에 참석해서 사명 징

30 정명석, 『30개론 강의안』, 180-4.

31 정명석의 통일교 입회원서.

조를 받았다고 한다.[32] 1979년 통일교를 떠나기까지, 정명석은 통일교 강사로 적극적인 활동을 한다.[33] 정명석은 "선생님의 소문이 금산까지 나서 금산통일교회에서 부흥집회를 하게 되었다. 11일 동안 밥도 안 먹고 물 한번 안 마시면서 단식하여 부흥집회를 했는데 사람들이 많이 왔었다"고 기록한다.[34] 한편 이 시기 통일교 세계평화교수아카데미 교수들을 상대로도 집중강의를 했는데, 바로 이때부터 대학생들에 대한 포교활동에 대해 구체적으로 생각하기 시작했다고 한다.[35]

정명석은 통일교의 교리적 영향을 받는다. 정명석은 "여러 곳을 돌아다녀 보았지만 그래도 제대로 가르치고 있는 곳은 통일교회였다"고 밝힌다.[36] 통일교 문선명의 『원리강론』에 나오는 "엘리야의 재림과 세례요한"을 보면, 문선명의 주장이 정명석의 30개론에서 그대로 반복되고 있는 것을 알 수 있다.

정명석의 30개론이 문선명의 『원리상론』의 영향을 받았음을 부인하기 어렵다. 문선명의 세례요한 이해는 정명석에게서 그대로 반복된다. 차이점이 있다면, 문선명에게 세례요한

---

32 정명석, 『선생님의 생애와 사상』 (서울: 세계청년대학생MS연맹, 1995), 375-6.

33 같은 책, 375-6.

34 같은 책, 275-6.

35 같은 책, 289.

36 같은 책, 276.

은 그에게 교리적 영향을 준 김백문이었고, 정명석에게는 문선명이었다는 사실이다.[37] "두 감람나무"와 "두 증인" 중 한 사람이 세례요한이 되어야, 다른 한 사람이 재림 그리스도가 될 수 있기 때문이다.

둘째, 문선명과 정명석이 세례요한을 사명 수행에 "실패한 자"로 바라보는 것처럼, 신천지 이만희도 세례요한을 "배도한 자"라고 부정적으로 묘사하면서, 예수와 세례요한의 관계 갈등을 부각시킨다.

이만희는 그의 교리적 틀인 "배도론" "멸망론" "구원론"을 통해, 세례요한을 "배도자"로 분류한다. 이만희가 기록한 신천지의 주요 교리서인 『요한계시록의 진상』에 따르면, "배도란? 도道의 말씀에서 떠난 것을 배도라고 한다. 다시 말하면 참 길을 가다가 돌아선 것을 말하는 것"이라고 설명한다.[38] 즉 "선민이 배도하고 멸망당한 후에, 구원의 역사"가 시작된다는 것이다.[39]

세례요한이 배도자인 이유에 대해 이만희는, "하나님께서

---

37 김백문은 세례요한에 대해, "洗禮 요한과 예수께서 처음으로 福音宣布에 開天的場面"을 보인 것으로 설명하면서 그 사역의 유사성에 집중한다. 김백문, 『성신신학』 (서울: 평문사, 1954), 362.

38 이만희, 『계시록의 진상』 (서울: 도서출판 신천지, 1992), 523.

39 같은 책, 533.

많은 선지자들을 통하여 구약에 예언하신 대로 신약의 사가랴와 세례요한을 보내셨으나 이 선민이 범죄하여 침노를 당했고(마 23), 아버지의 이름으로 오신 예수님을 영접하지 아니하므로 천국에서 떨어지게 된 것이었다"라고 주장한다.[40]

세례요한뿐만 아니라, 아담과 하와 그리고 아론을 배도자로 이만희는 분류한다. 결국 말세의 배도자와 멸망자를 떠나 구원자, 곧 요한계시록 12장과 15장에 기록된 "이긴자"에 속해야 한다는 것이 신천지의 주장인 것이다. 물론 신천지에게 "이긴자"는 이만희다.

신천지 신도들이 부르는 "이긴자"라는 노래에는, "하늘 아래 구원자가 여럿이라지만 나에게는 오직 이긴자이신 이만희님이라오… 이긴자는 나에게 주요, 그리스도시오 살아계신 하나님의 아들이시니"라는 가사가 등장한다.[41]

이만희의 세례요한 이해는, 신천지의 초기 교리서인 『신탄』에 보다 더 구체적으로 드러나 있다.[42] 『신탄』도 역시 배노란

40 이만희, 『계시록의 진상』, 525.

41 신천지 부산야고보지파, 『새찬송가』 중 "이긴자".

42 김건남·김병희, 『신탄』 (서울: 도서출판 신천지, 1985) 저자들은 이 책의 서문에서, "이 글은 성경에 기록된 모든 예언이 이 시대에 빠짐없이 이루어진 실상을 증거하는 두 증인[유재열에 반대한 이만희와 홍종효]의 증언을 받아 기록한 글"이라고 소개하고 있다. 통일교 배경을 가지고 있는 것으로 알려진 김건남이 공동 저자로 되어 있는 『신탄』은 신천지 교리의 기초로 초창기에는 사용되었으나,

"하나님의 언약을 받은 선민이 하나님께 순종치 아니하고 그 언약을 배반하는 행위"라고 설명한다.[43] 그리고 이 배도는 "악순환"되고 있다고 전제한 후, 세례요한의 불신이 그를 배도자로 만들었다고 주장한다.[44] 이렇게 "유대교계에 화려하게 데뷔"한 세례요한에게 "모든 사람들이 그 앞에 무릎을 꿇고" 세례를 받았지만, "교세가 커지자 차츰 교만한 마음이 생겨 자신의 사명을 망각하고 곁길로 가기 시작했다"고 비판한다.[45]

또한 세례요한은 스스로 엘리야인 것을 알고 있었지만 이를 부인했는데, 이는 그가 겸손해서가 아니라 "세례요한은 스스로 아무것도 아니라고 말함으로써 세인들이 자기를 그리스도라고 믿고 있던 그 생각을 묵인한 것이다"라고 해석한다.[46]

현재 신천지는 이 책의 존재와 그 관련성에 대해 불편해한다.

43 김건남·김병희, 『신탄』, 189.

44 같은 책, 189, 227.

45 같은 책, 228.

46 같은 책, 228-9. 신천지와 함께 최근 가장 주목을 받고 있는 하나님의교회 설립자 안상홍의 『하나님의 비밀과 생명수의 샘』에 따르면, 그가 "선지자 엘리야"로부터 "재림 그리스도"와 "하나님"으로 발전해야 하는 교리적 근거를 주장하고 있다. 즉 "침례 요한은 모세에게 명한 법 곧 율례와 법도를 크게 강조한 일이 없고 다만 침례로써 예수님을 맞이하기 위하여 성결과 회개의 침례를 베풀어 예수 초림의 길"을 열었으며, "침례 요한이 와서 예수님을 메시아로 증거"했고, "주의 재림이 가까운 시일이 되면 먼저 선지 엘리야를 보내어 주의 재림을 눈으로 보는 것같이 완전히 증거로 증거한 후에 예수님께서 재림하실 것"이라고 주장한다. 그리고 "엘리야는 이스라엘 나라 동편 요단강 동편에 살고 있던 사람이

게다가 예수의 길을 예비하는 자로, 예수와 동행해야 했는데 그렇게 하지 않았다는 것이다. 『신탄』은 "세례요한의 행적은 그렇지가 않았다. 오히려 예수와 헤어져서 세례를 베풀었고, 세례요한의 제자들과 예수의 제자들 사이에 결례로 인하여 자주 다툼이 벌어진다. 이는 한마디로 세례요한이 예수를 버렸음을 의미한다… 세례요한이 예수를 하나님의 아들이라고 증거한 후에도 예수와 동행하지 아니하고 계속하여 독자적인 교단을 이끌어가며 세례를 베풀었던 사실은 유대 사회에서 하나님의 섭리 역사에 역행한 최대의 사건이었다"라고 세례요한의 배도를 설명한다.[47]

『신탄』에 따르면, 예수는 세례요한의 제자였는데, 예수가 사람을 모으는 것을 보면서 세례요한은 자신의 제자로 여기지 않았다는 것이다. 그리고 신랑은 예수뿐인데 세례요한이 자신을 예수의 친구라고 언급한 것은 "자신이 그리스도임을

다. 마지막 엘리야도 동방에서 나타날 것을 보이신 것"이라고 주장하면서, 동방을 한국으로 이해한다. 그리고 마침내 "마지막 엘리야는 암흑세기 동안에 짓밟혔던 진리를 다 찾아 증거함으로 최후 종말을 마치게 될 것이다. 그리고 그 엘리야(하나님 여호와)는 최후 심판주로서 변형되는 동시에 14만 4천 산 성도들도 천사로 변형되어 승천하게 될 것"이라고 결론짓는다. 안상홍, 『하나님의 비밀과 생명수의 샘』 (부산: 삼성인쇄소, 1980), 258-61.

47 같은 책, 229.

자처한 행위로 보아야 할 것"이라고 단정한다.[48]

처음에는 예수를 하나님의 아들로 증거했던 세례요한이 나중에는 자신의 존재를 구세주로 부각했고, 그의 교세가 성장하면서 하나의 압력 단체가 되었으며, 헤롯의 비도덕적인 행위를 질책하다가 결국 죽임을 당했다고 『신탄』은 주장한다.[49]

『신탄』은 배도의 역사적 악순환을 강조하면서, 마지막 때에도 이러한 배도의 역사가 되풀이된다고 주장한다. 즉 "오늘날이 시대에도 길 예비 사자가 출현하게 되고 또 배도할 것은 기정사실이다"라고 주장하며, 신천지의 모체인 유재열 장막성전의 오류와 이만희 신천지의 출현을 합리화한다.[50]

신천지 이만희는 박태선의 전도관과 유재열의 장막성전의 직접적인 영향을 받았다고 스스로 밝히고 있다. 이만희는 그의 "신앙적 약력"에서, 1957년에 "고향 땅 야외에서 성령으로부터 환상과 이적과 계시에 따라 전도관에 입교"했고, 1967년 "성령의 계시에 이끌려 경기도 과천시 소재 장막성전에 입교" 했다고 공식적으로 밝혔다.[51] 이로 인해 이만희의 교리와 활동

48 김건남·김병희, 『신탄』, 230.

49 같은 책, 230-1.

50 같은 책, 232.

51 신천지예수교 증거장막성전, http://www.shincheonji.kr

에는 전도관과 장막성전의 흔적들이 깊게 자리 잡고 있다.

이만희는 전도관의 박태선처럼, 스스로를 요한계시록에 나오는 "이긴자"라고 주장한다. 나아가 이만희는 "구원자"요 "주요, 그리스도시오, 살아계신 하나님의 아들"이라는 주장으로까지 나아간다.[52] 신천지는 이만희를 "대언의 사자(이긴자)"라고 공식적으로 밝히고 있다.[53] 물론 박태선도 그 스스로를 "이긴자", "감람나무", "동방의 의인"이라고 주장했다.[54]

또한 신천지의 공식명칭인 "신천지예수교 증거장막성전"에서 볼 수 있는 것처럼, 이만희는 유재열의 장막성전으로부터 직접적인 영향을 받는다. 유재열의 장막성전은 경기도 시흥군 과천면 막계리 청계산에 설립되는데, 그 명칭은 요한계시록 15장 5절의 "또 이 일 후에 내가 보니 하늘에 증거 장막의 성전이 열리며"라는 말씀을 근거로 한다.[55] 청계산은 오늘날 신천지의 성지가 되었다.

52 신천지 부산야고보지파 『새찬송가』 중 "이긴자".

53 신천지예수교 증거장막성전, http://www.shincheonji.kr

54 탁지일, 『사료 한국의 신흥종교: 탁명환의 기독교계 신흥종교 운동 연구』 (서울: 도서출판 현대종교, 2009), 45.

55 유재열은 김용기의 호생기도원에서 영향을 받는다. 호생기도원의 신도들은 김용기를 "아버지" 혹은 "주님"으로 불렀으며, 유재열과 그 가족들 모두 김용기의 추종자들이었다. 탁지일, 『사료 한국의 신흥종교: 탁명환의 기독교계 신흥종교 운동 연구』, 247.

이만희는 1967년 장막성전에 들어가 재산을 모두 잃고 사기를 당했다고 주장하며 이탈한 후 1971년 9월 7일 유재열 등을 고소한다.[56] 마침내 이만희는 유재열을 배도자로 규정한다.

이만희는 박태선의 전도관과 유재열의 장막성전으로부터 교리적 영향을 받았다. 그리고 장막성전과의 갈등과 이탈을 통해 새로운 자체 조직을 만들면서, 본격적으로 유재열에 대한 폄하를 시작한다. 그 이유는, 신천지의 뿌리인 장막성전과 유재열의 오류와 한계를 드러내야만, 자신이 등장할 수 있는 필연성을 설명할 수 있기 때문이다. 결국 새로운 이긴자 이만희의 등장을 위해, 유재열은 배도자로 전락하게 된다. 세례요한처럼 배도자가 된 유재열을 딛고, 이만희는 "대언의 사자" "말세의 목자", "약속의 목자", "이긴자"가 된 것이다.

현재 신천지를 포함한 장막성전에서 분파된 아류들 사이에서는, 장막성전의 후계 정통성을 둘러싼 교리 논쟁이 전개되고 있다. 또한 새로운 후계구도 구축이 진행 중인 신천지 안에서도 여러 명의 "이긴자"들이 나타나는 조짐이 나타나고 있어, 교주 이만희가 배도자로 전락될 수 있는 위기가 다가오고 있는 것이다. 한국기독교이단 계보 안에 나타나는 필연적이고 반복적인 분파 과정에서 신천지도 예외는 아닌 것이다.

---

56 탁지일, 『사료 한국의 신흥종교: 탁명환의 기독교계 신흥종교운동 연구』, 259.

이렇듯 6.25전쟁 이후 등장하고 있는 자칭 재림주들은 스스로를 재림 그리스도로 신격화하기 위해, 자신이 이전에 숭배했던 이단 교주를 세례요한으로 폄하시키는 과정을 필연적으로 진행한다. 그리고 이를 통해 자신의 등장을 합리화하고, 조직의 안정을 도모하며, 세력의 확대를 시도하고, 신도들에 대한 효율적 통제를 시도한다.

이단들이 시도하는 자의적 성경 해석의 목적은 대부분 이단 교주의 신격화에 초점이 맞춰져 있다. 이러한 임의적 성경 해석에 기초한 교리교육은, 성경에 대한 지식이 아니라 성경을 보는 새로운 눈을 가져다준다. 이렇게 굴절된 눈을 통해 가정, 교회, 세상은 부차적인 것으로 비춰지고, 이단 교주에 대한 충성과 포교활동이 최우선순위로 자리 잡게 된다. 이는 이단 도전에 대한 교회의 체계적인 성경적 반증 및 변증을 위한 교리교육이 필요한 이유이며, 이단에 미혹되는 것보다 회복되는 과정이 일반적으로 더 어려울 수밖에 없는 이유다.

2장

교리와 실상

한국사회에서 이단이란 용어는, 교리적 판단이 담긴 신학적 용어인 동시에, 사회적으로는 부정적 가치판단이 내재된 용어로 사용된다. 심지어는 언론에서도 반사회적이거나 비윤리적인 종교단체들에 대해서 이단(또는 사이비)이란 용어를 자주 사용한다. 이로 인해 교회 입장에서는 비성경적인 단체들을 이단으로 분류하는 것만으로도 이단 대처의 효과를 볼 수 있는 좋은 조건이 형성되어 있다. 사회적 동의를 얻을 수 있는 공신력 있는 이단규정만 함께 이루어진다면, 효과적인 이단 대처가 가능한 좋은 조건이 이미 형성되어 있는 것이다. 이들 이단들이 교회와 사회에서 부정적으로 노출되는 가장 주요한 이유는, 이들의 교리(belief)와 실상(practice)이 이율배반적 특징을 보여주기 때문이다.

6. 신천지

2020년 1월 코로나19의 세계적 확산이 이루어지던 시점에, 한국에서는 신천지가 코로나19 확산에 있어서 결정적인 원인 제공을 한 것으로 알려졌고, 이로 인해 걷잡을 수 없는 사회적 혼란이 야기되었다. 국민의 안전을 담보로 한 채, 끊임없이 말을 바꿨던 신천지는 '양치기 소년'으로 비쳤다. 신천지 신도들은 조직을 지키기 위해 그리고 자신의 정체를 노출하지 않기 위해, 감염 확산의 위험을 무릅쓰고 거짓 진술을 반복했다. 그리고 신천지는 이러한 비상식적인 모습을 교리적으로 합리화했다. 부정적 종교활동의 대명사가 되어버린 신천지로 인해, 교회와 사회 모두가 고통을 받았다.

이만희의 후계자로 알려졌다가 탈퇴한 김남희는 2020년 2월 인터넷 방송인 존존티비(JonJon TV)와의 인터뷰에서 "이만희는 사람이고, 신천지는 종교 사기집단"이며, 자신은 "이만희에게 속아 돈도 빼앗기고, 가정도 파괴되었다"고 폭로했다. 또한 자신은 "신천지와 이만희를 떠나면 죽을 것"으로 믿었으며, 이로 인해 자신의 모든 재산을 바치고, 신천지 신도들 모르게 협착증이 심한 이만희의 치료도 도왔다고 고백했다. 무엇보다 영생불사한다는 이만희가 통일교 문선명처럼 자신의 사후를 준비했다고 밝혀 충격을 주었다. 신천지는 거짓천지였다. 신천지가 한국사회와 교회에서 부정적으로 인식되는 이유가 있다. 신천지의 주장과 포교방법이 반성경적, 비윤리적, 비상식적, 반사회적 경향성을 지니고 있기 때문이다.

첫째, 신천지는 비윤리적이다. 신천지는 소위 "모략"이라는 이름으로 거짓말을 합리화한다. 거짓말을 합리화하거나, 자신의 신앙을 감추는 종교나 기독교는 세상에 없다. 기독교인들은 복음을 부끄러워하지 않으며(롬 1:16), 언제 어디서나 담대하게 거침없이 복음을 전한다(행 28:31). 자신들의 정체와 교리를 감추고 접근하는 신천지가 결코 종교 혹은 기독교라고 불릴 수 없는 이유가 여기에 있다. 신천지가 자신들의 거짓말을 합리화하기 위해 성경적 근거로 제시하는 '모략'(עֵצָה)[57]의 성경적 의미는 거짓말이 아니라 '조언' 혹은 '충고'이다. 이를 거짓말로 합리화하여 하나님과 이웃 앞에 죄를 짓는 신천지 신도들이 안타깝고, 이를 가르치는 신천지 지도자들의 무지함과 교사教唆 행위가 우리의 공분을 산다.

신천지는 거짓말을 해서라도 14만 4천 신도를 채워야 한다고 주장하지만, 성경은 오히려 거짓말하는 자들은 14만 4천

---

57 신천지는 이사야 46장 10절의 "내가 종말을 처음부터 고하며 아직 이루지 아니한 일을 옛적부터 보이고 이르기를 나의 모략이 설 것이니 내가 나의 모든 기뻐하는 것을 이루리라 하였노라"(개역한글)에서 '모략'을 거짓말로 해석한다. 개역개정판 성경에는 '모략'이 아니라 '뜻'으로 되어 있다.

에 속할 수 없다고 경고한다(계 14:5). 어떤 거짓말도 종교의 이름으로 합리화될 수는 없다. 자신들의 정체를 숨기고, 거짓말을 일삼으며, 교회와 가정을 파괴하는 신천지는 사이비종교일 뿐이다. 1984년에 시작된 신천지 안에도 2세대 자녀들이 자라고 있다. 과연 신천지 부모들은 자신들이 사랑하는 자녀들에게 그들의 "모략"에 대해 어떻게 설명하고 가르칠지 자못 궁금하다.[58]

둘째, 신천지는 반성경적이다. 신천지 거짓말의 목적은 14만 4천의 신도 수를 채우는 것이다. 14만 4천 명이 되면 신천지 신도들이 영생불사하고 왕 같은 제사장이 된다고 주장한다. 하지만 2015년에 이미 14만 4천 명이 넘었고, 2018년에는 신도 수가 202,899명이라고 신천지 스스로 밝혔지만, 아무 일도 일어나지 않았다. 신천지 블랙코미디의 끝은 어디인지 궁금하다.[59] 성경은 비유와 비사로 기록되어 있다고 신천지는 주장하면서도, 14만 4천 등 자신들에게 필요한 것들은 취사선택하여 그대로 받아들이는 이율배반적인 모습을 보여준다. 안타깝게도 신천지에 미혹당한 신도들은 자신의 불확실한 인생과 가정 문제를 일시에 해결하기 위해 14만 4천 포교에 모든

---

58 탁지일, "144,000의 불편한 진실", 「한국기독신문」 (2017.7.24.)

59 탁지일, "거짓의 장막 신천지", 「생명의 삶」 (2018.2)

것을 건다. 14만 4천은 신천지 신도들의 맹종과 희생의 이유이고, 삶을 통제할 수 있는 매직 넘버다. 하지만 14만 4천 명이 아니라 예수를 그리스도로 믿으면 영생을 얻는다고 성경은 단언한다(요 3:16).

셋째, 신천지는 비상식적이다. 신천지는 자신들이 "진리의 성읍"이라고 주장하지만 실제로는 '거짓의 장막'이다. 그들이 주장하는 14만 4천 명이 넘었지만, 신천지 세상은 오지 않았고, 오히려 신천지의 부정적인 이미지만 한국 사회와 교회 안에 팽배해 있다. 14만 4천이 넘었다는 사실에 가장 조바심을 내는 사람은 아마도 신천지 교주 이만희일 것이다. 14만 4천 교리는 이미 실패했지만, 최근 관련 교리의 변개가 주목된다. 14만 4천은 하나님의 마음에 합한 사람들이며, 그 외의 신도들을 "흰 옷을 입은 큰 무리"(계 7:9)라고 주장하면서, 신도들을 무한경쟁으로 몰아넣고 있다. '헌신'의 미명으로 자행되는 신천지의 '착취'는 끝이 안 보인다.

넷째, 신천지는 반사회적이다. 2020년 1월 14일 피해자들이 제기한 청춘반환소송에 대해 대전지방법원 서산지원은, 신천지가 자신의 정체를 감춘 채 사람들에게 접근해 포교활동을 하고, 기존 관계를 악화시키는 방법으로 신도들을 통제했다는 사실을 인정한 후, 이는 "헌법에서 보호하는 종교의 자유를 넘어선 것이고, 사기범행의 기망이나 협박행위와도 유사하여 이는 우리 사회공동체 질서유지를 위한 법규범과도 배치되는 것이어서 위법성이 있다"라고 판결했다. 교회와 사회에서 모두 신천지의 설 곳이 마땅치 않아보인다.

한국 사회와 교회에서 사이비종교의 대명사로 자리매김한 신천지의 몰락 징후들에 주목할 필요가 있다. 첫 번째 현상은, 불안정한 후계구도다. 영생불사를 주장하는 이만희가 후계자에 관심을 갖는 것부터가 어불성설이지만, 후계구도 구축은 신천지 조직의 지속성을 위해서는 불가피한 선택이다. 하지만 문제는 후계자로 등장했던 김남희가 탈퇴하면서, "예수의 영"이 함께한다는 이만희의 지도력에 균열이 생긴 것이다. 게다가 누구보다 이만희를 잘 알고 있는 김남희가 공개적으로 이만희의 실체를 폭로하고 있다. 이런 상황에서 누가 후계자가 되더라도, 이만희에 버금가는 상징성과 영향력을 갖기는 어려우며, 신천지의 분파 과정을 한시적으로 관리할 인물이 등장할 가능성도 있다.

두 번째 현상은, 신천지 아류 혹은 분파의 등장이다. 신천지 과천장년섭외부 명의로 발송된 문자에 따르면, 신천지 안에 '새천지'가 등장했으며, "신천지 vs. 새천지 교리비교"를 내세워 신천지 신도들에게 접근하니 주의하라는 내용이었다. 신천지의 여러 아류 분파들의 등장은, 이단 몰락기에 나타나는 전형적인 특징들 중 하나다. 이는 이만희 사후에 신천지 유력

지파장들을 중심으로 더욱 본격화될 수 있고, (유재열이 박태선을 그리고 이만희가 유재열을 배도자로 비난했던 것처럼) 분파 형성을 위한 이만희에 대한 교리적 폄하도 함께 진행될 것이다. 다양한 분파들이 등장할 것이고, 이해관계에 따라 이합집산 할 것이다. 그리고 이로 인한 신천지 신도들의 분열도 함께 진행될 것이다. 분파 형성은 머지않아 신천지가 반드시 조우해야 할 불가피한 운명이다.

세 번째 현상은, 주변 교회 및 사회와의 '의도적인' 갈등구도 조장이다. 최근 신천지가 신도들을 내세워 다양한 노출 집회를 열거나 대형버스 등을 이용해 공개적인 선전전을 펼치고, 또한 신도들로 하여금 손편지를 무차별 발송하게 만들고 있다. 정체를 감추고 소위 모략으로 포교하던 신천지의 일반적인 모습에서 벗어나는 행동들이다. 이는 이만희와 신천지 교리의 불완전성 노출 그리고 후계구도의 불확실성과 분파 조짐 등으로 인한 신도들의 동요를 막고, 지속적으로 통제하기 위한 전형적인 전략이라고 볼 수 있다. 모든 쇠퇴기의 이단들은 신도들에 대한 효율적인 통제를 위해, 외부와의 대립과 충돌을 의도적으로 야기해왔는데, 신천지도 예외는 아니다. 헌신이라는 미명하에 신도들을 거리로 내몰거나 수백 장의 손편지를 쓰도록 만들어, 신천지의 문제점들에 대해 생각할 겨를조차 없도록 만드는 것이 목적이다. 신천지는 고립무원의 상황을 벗어나기 위해, 신도들을 거리로 내몰고 있다. 또한 언제 닥칠지 모를 몰락과 분열의 가능성을 알고 있기에, 신도들에게 헌신이라는 이름의 착취를 진행하면서 재산을 증식하고 있다.[60] 쇠락하는 신천지에 대한 민감한 주의가 필요하다.

네 번째 현상은, 부동산 매입 등 재산 증식에 대한 집착이다. 모든 이단들의 종착지는 거점과 재정의 확보다. 안정적 거점 확보의 유무는 이단의 존폐와 밀접하게 연결되어 있기 때문이다. 이로 인해 대부분의 이단들은 발흥기를 거치면서 사업적 성격을 노골적으로 드러내며, 부동산 확보와 투자에 열을 올린다. 주로 성지 개발 등의 명목으로 진행되는 이러한 부동산 매입 행위는 교리적 합리화를 필연적으로 동반한다. 전국적으로 진행되는 신천지의 부동산 투자는 신천지 집회시설, 이만희 거주시설 그리고 최근 청평에 신천지 박물관 등의 부속시설을 확보하는 형태로 진행되고 있다. 김남희는 내부분의 자금이 본인이 이만희에게 속아서 바친 것이라고 주장했다. 흔들리는 지도력을 유지하고 분파를 막기 위한, 돈의 전쟁이 시작된 것이다. 6천여억 원에 이르는 자산은 일시적으로 신천지 몰락을 막을 수 있을지도 모른다. 하지만 (현재 돈과 권력을 위해 한 치의 양보도 없는 전쟁을 치르고 있는 통일교 문선명의 아내와 아들들

60 탁지일, "고립무원 신천지", 「한국기독신문」 (2017.5.15.)

의 이전투구처럼) 돈으로 시작된 '조직유지'는, 결국 돈으로 인한 '조직와해'로 이어질 수밖에 없다.

그럼에도 불구하고 여전히 신천지는 가장 주요한 경계대상이다. **신천지가 두려운 것이 아니라, 신천지로 인한 교회 안의 불신과 분열이 무섭다.** 신천지는 정체를 감추고 교회 안으로 잠입한다. 기성교회를 "추수밭"이라고 부르면서, 수단과 방법을 가리지 않고 교인들을 "추수"해 신천지로 데리고 간다. 때로는 교회 안에 불신과 갈등을 조장하고 분열을 야기한다. 신천지의 포교활동은 치밀하다. 먼저 포교대상자에 대한 정보를 수집하고, 우연을 가장한 접근과 만남을 시도한다. 일단 관계 형성에 성공하면, 소위 "복음방"이라고 부르는 3명 정도가 모이는 소규모 성경공부를 카페나 집에서 시작한다. 그리고 어느 정도 교육이 진행되면, 주 4회(월화목금) 오전이나 오후 2시간 정도 진행되는 교리교육을 6개월여에 걸쳐 센터(신학원)에서 진행한다. 교회와 말씀을 중심으로 한 신앙생활은 신천지 대처에 있어서 필수적이다. 교회 밖에서의 성경공부를 권하는 사람이 있으면 반드시 목회자에게 알려 피해를 예방해야 한다. 만약 가까운 관계의 누군가가 이런 제안을 하더라도, 반드시 확인을 해볼 필요가 있다. 안타까운 일이지만, 신천지 피해를 막기 위해서는 '조심'이 '안심'이다.

교회의 건전한 성경공부는 예수 그리스도를 향하지만, 신천지 교리교육은 이만희 교주를 향한다. 이만희는 불멸不滅하는 보혜사가 아니라, 필멸必滅하는 평범한 인간이다. 미국의 PRI(Public Radio International) 매튜 벨(Matthew Bell) 기자는 한국을 방문해 신천지 이만희 교주를 직접 인터뷰했다. 그리고 그 내용을 2017년 7월 11일 보도했는데, 그중 우리의 주목을 끄는 부분이 있다. 인터뷰를 마칠 즈음, 기자는 이 씨에게 후계자에 대해 질문을 했다가 이상한 분위기를 감지했다고 한다. 벨 기자는 당시의 상황에 대해, "후계자에 대한 질문을 하자, 순간 통역을 하던 사람이 긴장하고 당황하는 듯했고, 내 질문을 통역하기를 주저했다"고 어색한 순간의 분위기를 묘사했다. 마침내 통역을 통해 질문이 전달되었고, 그러자 이만희 교주는 갑자기 짧은 영어로 "I don't know"라고 외치면서, "그런 질문은 비상식적"이라고 답했다고 한다. 이 기사는, 스스로의 영생불사를 주장하는 이만희 교주가 가지고 있는 사가당착의 고민을 생생하게 전달해주었다.

웃픈 신천지의 딜레마다. 미국 기자에게 자신이 죽지 않고 영원히 살 것이라고 말할 수도 없고, 그렇다고 자신의 측근들이 지켜보는 상황에서, 신천지의 앞날을 위해 자신의 후계자를 준비하고 있다고 말할 수도 없었을 것이다. 어쩌면 후계자에 대한 기자의 질문을 통역할 수도 없고, 그렇다고 안 할 수도 없었던 통역사의 좌불안석의 심정이 바로 이 씨와 측근들의 딜레마인지도 모른다.

2017년 7월 28일 「노컷뉴스」는 "신천지 교주 이만희, 입원 중 병원 벗어나 잠적"이라는 제하의 기사를 통해, 이 씨가 지난 7월 18일 광주의 한 병원에서 척추관협착증으로 중증 수술을 받고 입원치료를 받았으며, 회복이 되지 않은 상태에서 27일 잠적했다고 보도했다.[61] 김남희는 자신이 이만희를 간호했음을 보여주는 사진 여러 장을 증거로 제시했다. 이 씨가 '영생불사'가 아니라 '생로병사'의 수순을 따르고 있음을 분명하게 보여주는 일이었다.

이만희가 생로병사를 초월해 영생불사 할 것이라고 믿고 있는 신천지 신도들이 그의 수술과 입원치료를 어떻게 바라볼까? 월간 「현대종교」가 취재한 진료를 기다리는 이만희의 모습에 많은 사람이 충격을 받은 일이 있다. 휠체어에 앉은 채 병원에서 자신의 진료 순서를 기다리는 평범한 노인의 모습이었다.[62] 분명히 생로병사를 초월한 영생불사의 보혜사 모습은 아니었다.

안타까운 사실은, 이러한 보도들이 나간 후에도, 신천지 신

61 CBS 특별취재팀, "신천지 교주 이만희, 입원 중 병원 벗어나 잠적" 「노컷뉴스」 (2017.7.28.)

62 정예기, "자칭 구원자 신천지 이만희 교주, 척추수술 후 입원치료 중", 「현대종교」 (2017.9)

도들에게 큰 변화가 없다는 점이다. 물론 객관적 사실마저도 받아들일 수 없도록 세뇌한 신천지 미혹의 결과일 것이고, 또한 세뇌당한 후, 자신들의 눈과 귀를 스스로 막고 상식과 팩트마저도 받아들이지 않는 신도들의 맹신과 복종이 원인일지 모른다. 물론 이러한 '거부의 몸짓'에는 자신이 선택한 신천지가 결코 잘못되지 않았고, 자신의 선택이 결코 실패하지 않았다는 것을 보여주려는 절박함이 숨어 있을 수 있다, 그렇기에 신도들은 이율배반의 딜레마를 이미 스스로 합리화하고 있는지도 모른다.

신천지는 딜레마천지다. 신천지 신도들은, 이만희 교주가 '영생불사 한다'고 믿는 것을 넘어, '영생불사 해야만 한다'고 믿는 상황으로 접어들었다. 그래야 가정과 학업과 직장을 떠난 자신들의 처지를 설명하고 합리화할 수 있기 때문이다. 하지만 역사적으로 분명한 사실은, 다른 이단들처럼 신천지도 결국은 소멸될 것이라는 점이다. 그렇기에 신천지의 앞날을 묻는 질문에 "I don't know"라고 외칠 수밖에 없었던 이만희 교주의 대답은 진심인지도 모른다.[63]

무엇보다도 향후 나타날 신천지 이탈 신도들을 지원하기 위해, 변증적 차원에서의 반증 교육을 넘어, 전문적인 회복 및

63 탁지일, "I Don't Know", 「한국기독신문」 (2017.8.7.)

치유 센터의 설립이 시급하다. 미혹보다 회복 과정이 훨씬 더 어렵고 중요하기 때문이다. 신천지 이탈 신도들이 가정과 교회에 잘 정착할 수 있도록 도울 수 있는 교회 안팎의 공감대 형성과 대안 마련이 필요하다. **이단문제에 대한 교회의 역할은, '정죄'와 '분리'가 아니라, '치유'와 '회복'이다. 이제는 사회적인 문제발생의 여지를 최소화할 수 있도록, 교회와 사회가 힘을 합쳐 신천지의 몰락과 소멸을 유도해나갈 준비를 해야 한다.**[64]

한편 신천지 피해의 회복에는 가족의 역할이 결정적이다. 사랑하는 가족의 거짓말을 지켜보는 것만으로도 큰 고통이다. 거짓말은 관계의 불신을 만들고, 불신은 관계의 파괴를 초래한다. 신천지 문제가 발생한 후, 가장 필요한 것은 전문가의 도움을 받아 가족 상담을 진행하는 것이다. 이를 통해 문제해결을 위한 구체적인 대안을 마련할 수 있기 때문이다. 신천지가 문제라면 가족이 정답이다. 신천지에 빠진 사랑하는 부모, 배우자, 자녀의 손을 가족은 결코 놓지 못한다. 이단 신천지가 없는 새 하늘과 새 땅新天地을 우리는 소망 속에 기다린다.[65]

신천지가 문을 닫을 준비를 하는 단계에 이른 듯하다. 국내외 이단사이비 운동의 성장 패턴을 고려하면, 신천지는 몰락

64 탁지일, "신천지의 몰락", 「현대종교」 (2018.5)

65 탁지일, "이율배반적인 신천지", 「생명의 삶」 (2018.3)

의 출발선에 서 있다. 내부 문제를 해결하기 위해, 외부와의 전쟁을 불사하는 단계는, 이단사이비종교 흥망성쇠興亡盛衰의 마지막 단계에 위치한다. 결국 다수의 평범한 신천지 신도들은 피해자가 되고, 교주와 간부들은 재산을 축적한 채, 또 다른 신천지 유사 계파를 새롭게 준비하면서, 제2의 이만희를 꿈꾸기 시작할 것이다.[66] 신천지에 대한 국내 각 교단별 결의는 아래와 같다.

신천지	통합	1995년 80차 총회	이단
	합동	2007년 93차 총회	이단
	기성	1999년 93차 총회	이단
	합신	2003년 88차 총회	이단
	고신	2005년 55차 총회	이단
	대신	2008년 43차 총회	이단
	기감	2014년 31차 총회	이단

신천지 이단규정 현황 출처: 현대종교 홈페이지

7. 하나님의교회

하나님의교회 세계복음선교협회(이하 하나님의교회)는 설립자인

66 탁지일, "신천지 시위의 숨은 의도", 「현대종교」 (2016.5)

안상홍을 "재림 예수", "재림 그리스도", "성령 하나님"으로 그리고 1985년 안상홍 사후 후계자로 등장한 장길자를 "어머니 하나님", "새 예루살렘 하늘 어머니", "성령의 신부", "어린양의 아내"로 신격화한다. "주 하나님 지으신 모든 세계"라는 찬송을 "안상홍 님 지으신 모든 세계"로 바꿔 부르고, 어린이들에게는 "십자가를 세우지 마세요. 일요일도 거짓말예요. 우리는 이 세상 교회 없는 어머니도 있죠. 우리의 구원자 안상홍 님도 계신답니다. 안상홍 님 믿어야 하늘나라에 가죠"라는 노래를 가르친다.[67]

안상홍과 장길자 두 사람이 하나님으로 등장한 이유에 대해 하나님의교회는 창세기 1장 26절의 "하나님이 이르시되 우리의 형상을 따라 우리의 모양대로 우리가 사람을 만들고"에 나오는 "우리"라는 복수형 단어를 성경적 근거로 들고 있다. 즉 여기서 하나님을 표현하기 위해 사용된 히브리어 "엘로힘"은 복수 명사며, 또한 하나님의 형상대로 남자와 여자를 만들었으니, 따라서 하나님은 복수인 "아버지 하나님"과 "어머니 하나님"이라는 주장이다. 하지만 성경에서 "엘로힘"은 단

---

67 이 글은 『교회와 이단』의 관련 내용을 수정·보완했으며, 또한 "하나님의교회 건물 급격히 증가"(김정수, 「현대종교」, 2016.12), "하나님의교회 비판 가이드라인"(김정수, 「현대종교」, 2016.1) 등의 기사 내용을 추가했다.

수 "엘로아"의 복수(gods)로서가 아니라, 전능하신 한 분 하나님(the supreme God)을 표현하기 위해 사용된 용어다. 하나님의 교회는 자의적인 성경 원어 해석을 근거로 한국인 남녀를 하나님으로 신격화하고 합리화하는 기독교이단이다.

한편 어머니 하나님의 존재와 관련하여, 안상홍은 교회 내에서 여성을 신격화하거나 여성이 지도력을 갖는 것에 대해 부정적인 입장을 견지하고 있었던 것을 확인할 수 있다. 1983년 측근 엄모 여전도사로 인한 분란에 대해, "예루살렘을 한 여자로 해석한다는 것은 정신환자 아니고는 말할 수 없는 것이다"라고 설교를 통해 경고하고, 신부는 한 여성이 아니라 14만 4천 성도들이라고 단언했다. 결과적으로 현재 하나님의 교회는 설립자 안상홍의 교리 중 자신들에게 필요한 것만 취사선택하여 세력을 키워 나가고 있음을 알 수 있다.

이를 입증이라도 하듯이, 필자가 방문했던 양산 통도사 인근 석계공원묘지에 있는 안상홍의 무덤은 하나님의교회가 주장하는 내용과는 격이 맞지 않는 규모로, 벌초조차 되지 않고 방치된 모습이었다. 어쩌면 안상홍은 "아버지 하나님"이 아니라, 하나님의교회의 탁월한 사업 아이템일지도 모른다는 생각이 들었다.

특히 하나님의교회 교리는 시한부 종말론에 기초해 있으며, 이를 통해 꾸준히 교세를 확장해왔다. 하나님의교회는

"1988년은 세상 종말"이라고 주장하는 전단지를 배포했다. 또한 1988년뿐만 아니라 1999년과 2012년도 종말의 때라고 주장했다. 물론 모두 실패했다. 하나님의교회는 시한부 종말론 주장을 줄곧 부인해왔지만, 수원지방법원의 판결문에 따르면, "안상홍 사망 이후 1988년 종말이 온다는 취지의 전도서를 만든 바 있고, 1999년에는 신도들에게 Y2K나 1999년 지구 멸망 예언에 관한 설문조사를 벌였으며, 하나님의교회 내에서 2012년 지구의 종말이 올 것이라는 주장 또한 제기되었던 점"을 이유로 들어 하나님의교회가 시한부 종말론을 주장한 사실이 허위가 아니라고 판단했다. 또한 서울남부지방법원은, 이들의 막대한 재산이 신도들의 헌금을 통해 형성된 것이라고 판단했다. 하나님의교회 내부 사정에 정통한 관계자에 따르면 이들의 재산이 수조 원에 이른다고 한다. 분명한 점은, 시한부 종말론의 실패와 재설정을 거듭하는 동안, 하나님의교회의 교세는 성장하고 재산을 지속적으로 증식해왔다는 사실이다.

주목할 점은, 표면적으로는 안상홍과 장길자에 대한 신격화가 이루어지고 있는 것처럼 보이지만, 하나님의교회 실세는 김주철金湊哲 총회장이라는 사실이다. 하나님의교회 정관 제28조에 따르면, "총회장은 성령 안상홍 하나님께서 세우신 김주철 님이시며, 영구직이다"라고 명시하고, 총회장의 직무에 대해, "모든 회의의 의장이고, 진리를 전수하여 반포하는 책임자이며, 자산에 대한 최고 책임자로 총회 재정을 감독하고, 정관 및 규정의 최종 해석권자이며, 권징의 최고결정권자이고, 총회 운영 부서 및 지역교회를 통괄하는 책임자"라고 정하고 있다. 결과적으로 안상홍과 장길자는 겉으로만 신격화된 인물들일 뿐, 막강한 절대 권력을 가진 김주철 총회장이 하나님의교회 실세라고 할 수 있다. 1985년 안상홍이 사망한 후, 서울과 부산 세력으로 교회가 분열되는 과정에서 김주철은 "장길자 전도사 본인 자신도 우상화하는 것을 원치 않고 우리도 우상화할 수 없다… 144,000 성도들이 신부다"라고 공개적으로 선언했지만 이러한 약속은 결코 지켜지지 않았다.

하나님의교회의 실상과 허상뿐만 아니라, 설립자 안상홍의 교리에 대해 가장 정확하게 알 수 있는 곳은, 장길자와 김주철의 하나님의교회 세계복음선교협회(watv.org)가 아니라, 안상홍의 친아들 안광섭이 이끌고 있는 새언약 유월절 하나님의 교회(ncpcog.co.kr)와 절기 산출과 관련해 분파한 하나님의교회 예수증인회(cogjwk.org)이다. 이곳에서는 안상홍의 1차 자료들을 접할 수 있다. 이 자료들을 보면, 안상홍의 원래 주장에 대해 소상히 알 수 있으며, 이러한 주장이 장길자와 김주철에 의해 어떻게 변개되고 이용되었는지를 발견할 수 있다. 현재 하나님의교회는 안상홍이 설립한 단체라기보다는, 엄밀히 말하자면 그곳에 뿌리를 둔 하나의 분파로 볼 수 있다.

해외에도 다수의 외국인 신도들이 있는 것으로 분석된다. 해외 선교사들 및 현지 기독교인들에게 하나님의교회는 이미 복음전도의 장애물이 되고 있다. 하나님의교회 해외 교회 설립 현황을 분석하면 세계 곳곳에 수많은 모임처들이 세워지고 있는 것을 알 수 있다. 예를 들면 지구 반대편 페루에도, 힌두교의 나라 인도에도 수십 개의 하나님의교회가 짧은 시간 내에 세워져 운영 중이다. 현지 선교사들에 따르면, 하나님의교회가 막강한 재력을 바탕으로 건물을 세우고 신도들을 미혹하고 있다고 한다. 미국에서는 하나님의교회 피해자들이 인터넷사이트(examiningthewmscog.com)를 통한 반대 운동을 펼치고 있다. 하나님의교회에 대한 국제적 차원의 공동대책 마련이 시급한 이유가 여기에 있다.

하나님의교회는 시한부 종말론 주장을 감춘 채, 사회봉사단체로 위장해 활발한 봉사활동을 펼치고 있다. 이들의 포교전략은 조직적이고 집요하며, 어린아이부터 청장년에 이르기까지 대상을 가리지 않고 접근하고 있다. 하나님의교회의 홍보는 '오른손이 하는 일을 반드시 왼손이 알게 하는 전략'이다. 가가호호 방문과 거리포교 등의 적극적인 포교전략을 구사하는 한편, 종교적 성격을 감춘 채 지역사회 봉사활동을 통해 긍정적인 사회적 노출을 시도하는 양면 전략을 구사하고 있다.

하나님의교회 포교자들의 접근을 경계하는 한편, 집요하게 접근할 경우 주변 사람들이나 공권력의 도움을 적극적으로 요청하도록 자녀들에게 경계 예방교육을 해야 한다. 또한 교회 밖 봉사활동에 신중해야 한다. 다양하게 진행되는 하나님의교회 봉사활동에 미혹되지 말아야 한다. 자녀들이 사회봉사 학점이수를 위해 봉사활동을 해야 될 경우, 혹시라도 하나님의교회에서 주관하는 행사에 참여하는 것은 아닌지 확인해봐야 한다. 하나님의교회에 대한 국내 각 교단별 결의는 아래와 같다.

하나님의교회	통합	2002년 87차 총회	반기독교적 이단
	합신	2003년 88차 총회	이단
	합동	2008년 93차 총회	이단
	고신	2009년 59차 총회	이단
	기감	2014년 31차 총회	이단

하나님의교회 이단규정 현황 출처: 현대종교 홈페이지

8. 구원파

"구원파"는 권신찬과 유병언의 기독교복음침례회, 이요한의 생명의말씀선교회(대한예수교침례회), 박옥수의 기쁜소식선교회(대한예수교침례회) 등의 세 단체를 지칭하기 위해 한국교회가 사용해온 이름이다. 이들은 같은 뿌리에서 나온 분파들로 유사한 교리적 주장을 한다. 대부분의 교단들로부터 이단으로 규정된 구원파는 죄 사함, 거듭남, 구원을 강조하는 한편, 기성교회에는 구원에 대한 확신이 없다고 비판한다. 하지만 구원받은 의인임을 주장하는 구원파에게서 언행불일치의 이율배반적 모습이 노출된다.

첫째, 기독교복음침례회 유병언은 무소유를 강조했지만, 가족 대다수가 거액의 재산을 형성하고 있었던 것이 세월호 사건을 통해 알려졌다. 둘째, 생명의말씀선교회 이요한은 임박한 종말을 설교하면서, 다른 한편으로는 현실적 이권에 집중한다. 수백억 원을 들여 시설을 증축하고, 교역자들을 위한 거액의 퇴직연금을 마련해놓고 있다. 셋째, 기쁜소식선교회 박옥수는 자신을 목사라고 소개해왔다. 하지만 자신에게 안수를 준 인물로 지목한 그의 스승 딕욕(Dick York)은 그런 일이 없다고 공식적으로 반박한다.

구원파의 주장에 따르면, 예수의 십자가 사건으로 과거와 현재와 미래의 죄까지 다 사함을 받았기 때문에 구원받은 후에는 다시 회개할 필요가 없으며, 회개하는 자는 죄가 있다는 증거고, 죄가 있으면 구원받지 못한다고 말한다. 이 때문에 이들은 주기도문을 사용하지 않는다. 왜냐하면 "우리가 우리에게 잘못한 사람을 용서하여 준 것같이 우리 죄를 용서하여주시고"라는 반복적인 회개기도를 받아들일 수 없기 때문이다. 하지만 자신의 교리를 설명하기 위해, 성경을 가감할 수는 없다. 교재와 참고서는 구분되어야 한다. 교리를 합리화하기 위해 성경의 내용을 취사선택하는 것은 성경의 권위를 훼손하는 것이다.

구원파는 국내외 곳곳에서 성경세미나를 개최하며 접근한다. 특히 박옥수 구원파의 기쁜소식선교회의 IYF(국제청소년연합)의 활동이 활발하다. 거의 모든 대학교에서 활동하는 IYF는 해외 봉사활동, 세계 문화 체험 박람회, 영어 말하기 대회, 링컨스쿨 등을 통해 청년·대학생들을 집중적으로 미혹한다.

'나'의 깨달음으로 죄 사함을 받고, 거듭남에 대한 '나'의 확신으로 구원을 얻으며, 특정한 날짜와 시간을 '나'의 구원의 때로 확정할 수는 없다. 구원의 길은 '나'로부터 시작되는 것이 아니라 '하나님'으로부터 시작되고 견인된다. 구원은 온전히 하나님께 속한 것이다. 구원의 주관자는 하나님이시다. 구원과 영생은 우리의 말씀 사랑과 실천에 대해, 하나님께서 값

없이 주시는 은혜의 선물인 것이다. 이를 통해 우리는 죄 사함을 받고, 우리의 죄를 억제하며 거룩하게 살아갈 수 있는 용기와 지혜를 허락받게 된다. 기쁜 소식과 생명의 말씀은 이율배반의 구원파가 아니라 온전하신 하나님께 속해 있다.[68] 구원파에 대한 국내 각 교단별 결의는 아래와 같다.

구원파	기성	1985년 79차 총회	이단사이비집단
	고신	1991년 41차 총회	이단
	통합	1992년 77차 총회	이단
	합동	2008년 93차 총회	이단
	합신	1995년 80차 총회	이단
	기감	2014년 99차 총회	이단

구원파 이단규정 현황 출처: 현대종교 홈페이지

9. 통일교

'참 가정(True Family)'을 주장하는 세계평화통일가정연합(이하 통일교)의 실체는 '거짓 가정'이다. 통일교 설립자 문선명은, 자신이 원죄가 없이 태어난 "구세주"이며 "하나님"이라고 주장했지만, 2012년 사망했다. 이후 부인과 아들 등 그의 혈육들

68 탁지일, "이율배반의 구원파", 「생명의 삶」 (2018.5)

은 서로를 비난하고 헐뜯으며 치열한 후계전쟁을 벌이고 있다. 그 이유는 문선명의 후계자가 되는 자가 통일교의 막대한 재산도 차지할 수 있기 때문이다. 이로 인해 소위 통일교 '참가정' 안에서 혈육 간의 골육상쟁이 벌어지고 있다.

문선명의 아내 한학자는 자신을 "구세주이자 6천년 만에 태어난 독생녀"라고 주장하면서 친아들인 현진, 국진, 형진을 냉정하게 내쫓았고, 버림받은 아들들은 어머니를 "사탄의 권세에 휩싸여 남편의 뜻을 저버린 바벨론의 음녀"라며 공개적으로 비난하고 있다. 게다가 형제들 간의 이전투구도 계속되고 있다. '참 가정'이 아니라 적나라한 '거짓 가정'의 모습이다. 스스로 지키지 못하는 교리를 내세워 사리사욕을 채우고 있는 통일교가 사이비종교일 수밖에 없는 이유가 여기에 있다.

거짓 가정 통일교의 모습은 때와 장소를 가리지 않고 드러나고 있다. 2005년 미국에서는 문선명의 며느리였던 홍난숙의 자서전 *In the Shadow of the Moons* 출간과 함께 문선명 일가의 실체가 드러났다. 밖으로는 순결의 강조 등 가정의 가치를 강조해왔지만, 자신의 자녀들과 가정에는 비윤리적 문제들이 만연했다는 이율배반적인 가정사가 낱낱이 밝혀지면서 미국사회로부터 거센 비난을 받았다.

통일교의 핵심 거점인 일본도 예외는 아니다. 통일교에 속아 경제적 피해를 당한 가정들도 있고, 통일교에 빠진 딸이 가족과의 관계를 단절한 채 한국으로 시집와버린 가정들도 있다. 일본의 한 인권변호사는 이들 결혼 이민 여성들의 숫자가 1만여 명에 이른다고 주장한다. 재산을 빼앗기거나 사랑하는 가족과 생이별을 한 평범한 일본 가정들이 오늘도 이산의 아픔을 호소하고 있다.

통일교는 하나님의 이름을 망령되이 일컫는 이단이다. 통일교의 교리서인 『원리강론』은, 뱀(사탄)과 인간(아담과 하와)의 성적 범죄로 인해 인류가 타락하게 되었고, 이를 회복하기 위해 제2의 아담인 예수가 메시아로 강림했으나 실패했으며, 마침내 제3의 아담인 문선명이 한국에 와서 참 가정을 통해 구원을 이룬다는 비성경적인 주장을 하고 있다. 하지만 죄가 없다는 문선명의 가족이 보여주는 것은 그저 비상식적인 '거짓 가정'의 모습일 뿐이다.[69] 통일교에 대한 국내 각 교단별 결의는 아래와 같다.

통일교	통합	1971년 56차 총회	사이비종교
	대신	2008년 93차 총회	이단
	고신	2009년 59차 총회	이단
	기감	2014년 31차 총회	이단
	기성 기장 합신 합동		사이비집단

통일교 이단규정 현황 출처: 현대종교 홈페이지

69 탁지일, "거짓 가정 통일교", 「생명의 삶」 (2018.6)

10. 안식교

제칠일안식일예수재림교회(이하 안식교)는 1863년 공식 설립되고, 1904년에 한국에 전래되었다. 안식교의 이단성 여부에 대해서는 다양한 견해가 세계기독교 안에 존재한다. 하지만 안식교의 발생지인 미국에서도 안식교 창시자인 윌리엄 밀러(William Miller, 1782~1849)의 1844년 시한부 종말론과 후계자인 엘런 화이트(Ellen G. White, 1827~1915)의 계시론에 대한 이단성 논란이 있다. 한국교회뿐만 아니라, 세계 여러 교회들이 안식교를 기독교이단으로 분류하고 있다.

안식교는 윌리엄 밀러의 1844년 시한부 종말론에 기초해 있다. 밀러가 주장했던 종말 예언이 실패로 끝난 "대 실망(Great Disappointment)"의 사건을 경험한 후, 후계자로 등장한 엘런 화이트는, 1844년은 종말의 실패가 아니라 종말의 시작이라고 주장하면서, 예수가 이때 하늘 지성소로 들어가 인간들을 "조사심판(Investigative Judgement)"하고 있다는 비성경적 교리를 내세운다.

안식교가 교육, 건강, 출판, 의료 등의 분야에 끼친 긍정적 사회공헌을 부인할 수는 없다. 하지만 이단시비는 사회적 윤리나 도덕성의 문제가 아니라, 교리와 신앙의 문제다. 안식교 관련 한국교회의 결의는 1915년 대한예수교장로회 제4회 총회에서 결정되었다. 당시 경기충청노회가 안식교의 교리로 인한 혼란에 대해 어떻게 해야 할지를 헌의했고, 총회는 안식교에 동의하는 직분자는 면직하고, 안식교에 가는 이들은 제명하도록 정한 것이다. 그리고 이후 고신, 통합, 합동 등의 모든 장로교단들은 분열 이전의 이러한 한국장로교의 결정을 존중하여 따르고 있다.[70]

특히 한국에 안식교의 인지도와 영향력을 높이는 데 큰 역할을 한 이상구 씨의 안식교 탈퇴를 주목할 필요가 있다. 안식교 교리의 실상이 드러났기 때문이다. 이상구 씨는 "이상구 박사가 안식일 교회를 떠나면서, 건강세미나를 통하여 안식일 교회에 입교하신 분들에게 꼭 드리고 싶은 당부의 말씀"이라는 제하의 성명서를 통해, "십자가에서 최종적 구원이 완성되지 않았기 때문"이며 "최종적 구원을 결정하기 위해 각자의 품성을 조사하는 조사심판이 진행 중이기 때문"이라는 주장을 예로 들면서 안식교가 "구원의 확신을 금지"한다고 비판했다.

또한 이상구는 "십자가에서 구원이 완성되었음을 믿게 하시어 구원의 확신을 주시는 분은 성령입니다. 그리고 '구원의 확신'을 주시는 성령께서만 우리의 성화를 이루실 수 있습니

70 탁지일, "제칠일안식일예수재림교회는 과연 '복음주의 기독교'인가", 「현대종교」(2016.5)

다"라고 전제하고, "안식일 교단은 조사심판 교리를 교회의 근간이라고 주장합니다. 이 교리는 십자가의 피로 구원이 완성된 것이 아니라고 가르칩니다. 따라서 안식일 교인은 십자가의 피로 그들의 구원이 완성되었다는 복음을 믿기를 거부합니다. 이 복음을 믿기를 거부하는 것은 믿음을 주시는 성령을 거부하는 것입니다. 복음을 믿게 하는 성령을 거부한 결과 그들은 '구원의 확신'을 가질 수 없습니다. 성령이 주시는 구원의 확신 없이는 성화도 이루어질 수 없고 사단의 시험을 극복할 수도 없습니다"라고 안식교의 교리를 비판한 후, "구원의 확신과 조사심판은 공존할 수 없다"고 결론짓는다.

이상구는 "저는 입교 당시에는 조사심판 교리의 존재를 알지 못했습니다. 이 때문에 구원의 확신을 주는 복음을 전하면서 십자가 구원의 복음의 능력으로 말미암는 건강과 치유 사역을 해왔던 것입니다"라고 밝히고, "저로 인하여 안식일 교회에 입교하시어 아직도 구원의 확신을 못 가지신 분들에게 죄송함을 금치 못하겠습니다. 부디 저의 글을 심사숙고하시어 진리와 생명의 길, 곧 십자가의 길을 바로 가시기를 기도합니다"라고 성명서를 맺는다.[71]

---

71 김정수, "이상구 박사 안식교 탈퇴 공개 선언", 「현대종교」 (2018.12)

순기능적인 사회활동에도 불구하고, 안식교는 교리적 이단으로 분류되고 있다. 안식교에 대한 국내 각 교단별 결의는 아래와 같다.

<table>
<tr><td rowspan="5">안식교</td><td>예장 총회</td><td>1915년 4차 총회</td><td>참여자 면직 제명</td></tr>
<tr><td>통합</td><td>1995년 80차 총회</td><td>이단</td></tr>
<tr><td>고신</td><td>2009년 59차 총회</td><td>이단</td></tr>
<tr><td>기감</td><td>2014년 31차 총회</td><td>이단</td></tr>
<tr><td>합신 기성 합동</td><td></td><td>이단</td></tr>
</table>

안식교 이단규정 현황 출처: 현대종교 홈페이지

3장

이슈와 논란

교회에서 이단으로 규정된 단체들이 주요한 사회이슈로 등장하고, 그 위법성이 노출되는 경우가 적지 않다. 하지만 공권력은 문제가 발생한 후에야 개입이 가능하고, 언론 역시 사건 발생 후 공론화가 가능하다. 예방과 경계 기능이 취약하다. 여기에 교회의 역할이 중요한 이유가 있다. 교회는 이단 교리와 활동에 숨어 있는 반사회적 위험성을 적극적으로 알리는 한편, 문제 발생의 가능성을 최소화하도록 노력할 수 있다. 최근 논란의 중심에 서 있는 단체들이 있다. 난민문제와 관련해 주목을 받고 있는 중국이단인 전능신교(동방번개), 소위 양심적 병역거부 문제로 지속적인 논란이 되고 있는 여호와의 증인, 정명석의 10년 만기 출소 후 조직을 재정비하면서 국내외의 주시 대상이 되고 있는 기독교복음선교회(JMS), 성범죄 문제로 징역 16년의 중형이 선고된 이재록의 만민중앙교회, 남태평양 피지를 약속의 땅이라고 주장하며 수백 명의 신도들을 이주시키고 타작마당이라는 반인륜적인 폭행사건으로 국내외에서 주목을 받고 있는 은혜로교회가 대표적이다.

11. 전능신교

중국인 여성 양상빈(楊向彬, 1973~)을 재림 그리스도로 믿고, 창교자인 조유산(赵维山, 1951~)을 대제사장으로 따르는 중국계 기독교이단인 전능하신 하나님 교회(이하 전능신교)의 국내진출이 주목된다. 신천지와 유사한 포교활동으로 인해, 중국정부의 강력한 제재 대상이 된 전능신교가 한국에 집중적으로 들어오고 있다. 중국과 가까운 지리적 조건과 종교의 자유가 법적으로 보장된 여건이 전능신교에 호조건이기 때문이다.

전능신교 신도들은 무비자로 입국이 가능한 제주도를 거쳐 국내로 들어온다. 그리고 일단 입국하면 난민 신청을 한다. 언론보도에 따르면, 2014~2016년 동안 종교탄압을 이유로 난민 신청을 한 중국인은 모두 736명이며, 이는 전체 중국인 난민 신청자들의 60%가 넘는 숫자로, 상당수가 전능신교 신도들로 추정되고 있다.[72] 전능신교는 2020년 현재 서울 구로구 두 곳에 거점을 확보하여 활동하고 있으며, 강원도 횡성 그리고 충청북도 보은과 괴산에 집단 거주시설을 매입해 공동생활을 하고 있다.[73] 주목할 만한 사실은, 현재 미국에 망명 중인 전능신교의 지도자들이 한국으로 들어와 본부를 마련하려고 한다는 것이다. 최근에는 전능신교 지도부가 조선족 신도들에게 한국 입국과 정착을 지시했다는 소식도 들리고, 국내 포교를 위한 위장 웹사이트에 대한 제보도 이어지고 있다.

중국 기독교계 이단들의 한국행이 이어지는 한편, 한국 기독교계 이단들도 한류를 타고 중국으로 진출하고 있다. 중국에도 신천지와 하나님의교회의 활동이 활발하다. 신천지는 길림성을 통해 중국 내 주요도시들로 확장하고 있으며, 상해의 중국 신도 수는 수백 명이 넘는 것으로 알려져 있다. 특히 중국에서의 하나님의교회의 공개적이고 공격적인 포교활동으로 인해, 한국 선교사들의 활동에 심각한 부정적인 영향을 주고 있다.[74] 게다가 2017년 중국 국무원이 종교사무조례를

72 KBS, "'전능신교'에 빠진 우리 아빠 좀 찾아주세요", 2016년 10월 23일자 KBS 뉴스.

73 YTN, "中 신흥종교 '전능신교' 국내 유입… 주민들 불안", 2016년 8월 30일자 YTN 뉴스.

74 탁지일, "흑룡강성과 부산", 「한국기독신문」 (2017.9.11.)

승인하면서, 개신교를 비롯한 중국 내 종교활동에 적지 않은 제한이 있을 것으로 예상된다.[75]

전능신교는 한국에서 합법적인 정착을 위한 방법을 모색하고 있다. 그 이유는 첫째, 중국에서의 활동이 어려워지자 중국에서 가장 가깝고 종교의 자유가 있는 한국이 대안으로 등장한 것이다. 둘째, 미국에 망명 중인 전능신교 지도자들이 한국으로 언제든 들어올 수 있고, 셋째, 이를 통해 중국에 있는 전능신교 신도들에 대한 효과적인 지도와 통제를 할 수 있기 때문이다. 그리고 이들의 최종적인 목적은 한국에 전능신교의 본부를 설치하는 것일지도 모른다. 현재 포교보다는 안정적인 정착을 위한 사회봉사활동에 주력하는 모습을 보여주는 것도 이러한 전능신교의 전략을 뒷받침하고 있다. 이러한 활동으로 인해 한국을 매개로 중국의 전능신교와 미국에 있는 전능신교 지도부의 인적·물적 교류가 이루어지고 있다. 주목할 점은 최근 한국어로 된 전능신교의 포교 동영상이 유튜브에 다수 등장하고 있다는 사실이다. 문제는 동영상들에는 전능신교와의 관련성이 잘 드러나 있지 않다는 것이다. 한국의 전능신교가 이제는 정착을 넘어 포교의 단계로 접어든 것은 아닌지 염려되는 대목이다.

---

75 양정대, "중국 종교 통제 다시 옥죄기 나서", 「한국일보」 (2017.9.10.)

한중 이단 대책 세미나 및 연석회의가 2019년 10월 25일 부산장신대학교 부설 종교문제연구소(소장 탁지일) 주최로 "중국의 한국이단, 한국의 중국이단(Korean Cults in China, Chinese Cults in Korea)"이라는 주제로 개최되었다.

이날 학술발표에서 중국사회과학원(상해) 교수인 후앙 하이보(HUANG Haibo, 상해사회과학원 부교수)와 쉬 리(SHI Li, 상해사회과학원 부교수)는 발표를 통해 전능신교의 위험성을 경고했다. 후앙 교수는 "전능신교 신도 가족에 대한 이야기(A sutdy on the Family Member of the Almighty God Participants)"라는 주제의 발표에서, "가족들에 의하면 가정을 버리고 전능신교를 포교하기 위해 집을 나간다. 집을 나간 이들은 진짜 자신의 집을 돌아보지 않고 하늘의 집에만 관심을 가져 갈등이 있다"며 "가정에 경제적으로 책임을 질 사람들이 나가서 어려움을 겪고 있다"고 밝혔다. 또한 "단톡방을 만들어서 (피해자 가족이) 자발적으로 활동하고 있다"며 "500명 이상이 모인 그룹이 10개 이상이 있고, 활발한 활동을 하는 단톡방은 5~6개 정도 된다"고 현황을 밝히고, 2015년 이후에 종합적인 이단을 대책하는 중국민간반사교연합회를 자발적으로 만들었고, 1200명 이상이 등록되어 있다고 발표했다.[76]

---

76 김정수, "한중 이단대책 세미나 및 연석회의 개최", 「현대종교」 (2019.12)

쉬 리 교수는 "파괴적인 컬트로서 전능하신 하나님에 관한 연구(A Study on the Almighty God as a Destructive Cult)"에 대한 주제로 발제하면서, 전능신교와 기독교 교리의 차이점을 다음과 같이 설명했다.

첫째, 전능신교는 성경이 사람의 뜻으로 썼다고 믿어서 큰 영향이 없다고 생각한다. 삼위일체를 믿지 않고, 예수와 성령을 부정한다. 둘째, 6천 년을 나눠서 율법(야훼)시대, 예수(은혜)시대, 국도시대로 나눈다. 셋째, 믿음 대신 행동으로 구원을 얻는다고 한다. 넷째, 이 조직은 7개 단계로 되어 있다. 200명 이상이 되면 한 그룹이 돼서 정보를 유지하고 나누는 그룹이 된다. 다섯째, 신도의 일상생활이 감시당하고 있다고 설명했다. 또 쉬 교수는 "전능신교에 들어가기 전에 대부분이 기독교인이었다"고 전능신교의 기독교적 배경을 설명했다.[77]

만약 전능신교가 한국에 성공적으로 거점을 마련해 정착한다면, 한국과 중국 모두에게 위협이 될 수 있다. 전능신교 신도들의 유입과 사회적 혼란을 예방할 수 있는 한중 양국의 정책적 차원에서의 안전장치가 필요하다. 특히 중국정부와 한국정부의 협조와 공동대처가 필요하다. 또한 이들의 영적 미혹에 대처하기 위한 양국 교회들의 대안 마련도 시급하다. **한국과**

---

77 김정수, "한중 이단대책 세미나 및 연석회의 개최".

중국의 이단 활동에 대처할 수 있는 한중연합 이단 대처가 요구된다. 전능신교에 대한 국내 각 교단별 결의는 아래와 같다.

전능신교 (동방번개)	고신	2013년 63차 총회	이단
	통합	2013년 98차 총회	이단사이비
	기감	2014년 31차 총회	이단
	백석대신	2018년 103차 총회	이단
	합신	2018년 103차 총회	이단사이비

전능신교 이단규정 현황 출처: 현대종교 홈페이지

12. 여호와의 증인

여호와의 증인은 19세기 말 찰스 러셀(Charles Russel, 1852~1916)에 의해 워치타워성서책자협회(Watch Tower Bible and Tract Society)라는 이름으로 시작했다. 한국에는 1912년 처음 소개된 후, 1953년 워치타워성서책자협회 한국지부가 설립되었다. 현재 한국 내 신도는 10만여 명에 이르는 것으로 알려져 있다.

최근 여호와의 증인 병역거부 논란이 사회의 주목을 받고 있다. 병역거부는 여호와의 증인의 이단적 세계관에 기초하고 있지만, 한국사회의 소위 양심적 병역거부 문제와 함께 이슈가 되고 있다. 2018년 6월 28일 헌법재판소는 양심적 병역거부자에 대한 대체복무제도를 정하고 있지 않은 현행 병역법 제88조 제1항이 헌법에 어긋난다고 판결했다.[78] 즉 양심적 병역거부자에 대한 형사처벌은 적법하지만, 대체복무제도를 통해 위헌 요소를 없애야 한다는 판단이다.

그리고 2018년 11월 1일 대법원이 양심적 병역거부가 형사처벌의 대상이 되지 않는다는 판결을 내렸고, 2019년 12월 27일 대체복무와 관련된 병역법 개정안이 국회를 통과했다. 문제는 양심적 병역거부자의 99.2%가 한국교회가 이단으로 분류하고 있으며 사회적으로도 지속적인 논란을 야기해왔던 여호와의 증인 신도들이란 사실이다.[79]

---

78 병역법 제88조 (입영의 기피 등) 제1항 "현역입영 또는 소집 통지서(모집에 의한 입영 통지서를 포함한다)를 받은 사람이 정당한 사유 없이 입영일이나 소집일부터 다음 각 호의 기간이 지나도 입영하지 아니하거나 소집에 응하지 아니한 경우에는 3년 이하의 징역에 처한다."

79 검찰은 아래와 같이 "양심적 병역거부자 판단 10대 기준"을 마련했다. "'종교 · 신념에 따른 병역거부 대법원 판결 선고에 따른 조치'란 제하로 작성된 공문은, 11월 1일 양심적 병역거부를 처음으로 인정한 대법원 전원합의체 판결 이후, 기존 판례와 진행 중인 사건에 대한 실태 파악 및 연구를 통해 이번 지침을 마련한 것으로 전해졌다. 총 10가지로 구분된 판단요소는 ▲종교의 교리가 어떠한지 ▲교리가 양심적 병역거부를 명하고 있는지 ▲신도들이 양심을 이유로 병역을 거부하고 있는지 ▲종교가 피고인을 정식 신도로 인정하고 있는지 ▲피고인이 교리를 숙지하고 철저히 따르고 있는지 ▲피고인이 주장하는 양심적 병역거부가 교리에 따른 것인지 ▲피고인이 종교를 신봉하게 된 동기와 경위 ▲피고인이 개종한 것이라면 경위와 이유 ▲피고인의 신앙 기간과 실제 종교적 활동 ▲피고인의 가정환경, 성장과정, 학교생활, 사회경험 등 전반적인 삶의 모습 등이다." 조민기, "검찰, 양심적 병역거부자 판단 10대 기준 마련", 「현대종교」

「깨어라」와 「파수대」 등을 가지고 가가호호 방문포교로 유명했던 여호와의 증인은 최근 국내외 번화가 및 공공장소에 출판물 전시대를 비치하거나, 손편지와 문자 등을 통해 활발한 포교활동을 벌이고 있다.[80] 이들은 패쇄적이고 반사회적인 이미지를 감소시킬 목적으로 노출효과를 극대화하는 것으로 보인다. 국내 여호와의 증인 신도 수는 2014년 기준 1,400회중 10만여 명으로 알려져 있다. 여호와의 증인 왕국회관이 주변에 있을 경우, 인근에는 약 150명 정도의 신도들이 있는 것으로 알려져 있다.

여호와의 증인은 "예수는 피조물"이라고 주장하는 비성경적 이단이며, "부활절과 성탄절은 이교 관습"이라고 주장하는 비기독교적 이단이다. 특히 "1914년 하나님의 황국이 도래했으며 예수님이 하늘에서 왕으로 즉위했다"고 주장하는 시한부 종말론 단체다. 이들은 하나님의 창조세계를 "사탄의 세상"으로 바라보며, 여기에 속한 종교, 정부, 사업제도를 사탄의 세상에 속한 거짓된 것으로 해석한다.[81]

(2019.1)

80 탁지일, "세상을 거부하는 여호와의 증인", 「생명의 삶」 (2018.9)

81 "짐승 같은 정부들이 사탄의 권세를 받았고, 상업 제도는 거짓 종교와 정부들과 더불어 이기심과 범죄 그리고 참혹한 전쟁을 조장하며, 사탄의 세상이 존재하는 한 그리스도인들은 그 악한 영향력에서 벗어나기 위해 계속 투쟁해야 한다."

여호와의 증인 교리 또한 비기독교적이다. 첫째, 삼위일체를 거부한다. 예수의 구속 사역을 믿지만, 예수는 피조물이며 하나님의 아들이라고 주장한다. 둘째, 사람이 죽으면 존재하지 않게 되며, 지옥은 없다고 믿는다. 셋째, 성탄절과 부활절을 지키지 않는다. 예수가 자신의 생일이나 부활을 지키라고 한 것이 아니라, 죽음을 기념하라고 명령했기 때문이라고 주장한다. 넷째, 제1차 세계대전이 발발한 1914년에 하나님의 왕국이 도래했으며, 예수가 하늘에서 왕으로 즉위했다는 비성경적인 주장을 한다. 다섯째, 여호와의 증인은 자신들의 모임장소를 부를 때 교회 대신 왕국회관(Kingdom Hall)이라는 명칭을 사용하며, 왕국회관에 속한 신도들만이 사탄의 세상에서 구원받을 수 있다는 주장을 한다.

여호와의 증인 신도들의 병역거부는 양심과 평화의 문제가 아니라, 배타적 세계관으로 인한 불가피한 교리적 선택이다. 분단 상황에서의 병역거부가 '평화적이고 양심적'이라면 불확실한 앞날에 대한 두려움과 열악한 삶의 환경 속에서도 병역을 성실히 수행한 우리들의 평범한 아들들은 과연 '호전적이고 비양심적'인 것인가.[82]

와치타워성서책자협회, 「우리는 지상 낙원에서 영원히 살 수 있다」.

82 탁지일, "여호와의 증인 병역거부 논란", 「기독교타임즈」(2018.8.29.)

여호와의 증인은 이를 '양심적 병역거부'라고 주장하지만, 실제로는 '교리적 세상 거부'이다. 이들이 병역을 거부하는 등의 반국가적인 태도를 보일 수밖에 없는 교리적 이유가 있다. 여호와의 증인은 사회를 "사탄의 세상"으로 해석하고, "거짓 종교"와 "짐승 같은 정부들" 그리고 "상업 제도"가 여기에 속해 있다고 믿고 있기 때문이다. 오직 자신들만이 "거짓 종교"와 구별된 유일한 "여호와의 조직"이며, 곧 다가올 마지막 때에 세상의 정부를 대체할 것이고, 이 왕국의 설립은 모든 지상 국가들의 전복을 의미한다는 '배타적 종말관'을 가지고 있다. 여호와의 증인이 세상을 거부할 수밖에 없는 이유다.

이로 인해 여호와의 증인의 활동은 세계 곳곳에서, 평화적이고 양심적이기보다는, 대립적이고 반사회적인 모습으로 나타나고 있다. 반사회적인 교리와 경향성으로 인해, 여호와의 증인의 활동을 둘러싸 주변사회의 긴장과 갈등이 깊다. 2017년 4월 러시아 대법원은, 여호와의 증인 법인체를 모두 해산하고 활동을 금지했으며, 모든 소유 자산을 몰수하라고 명령했다. 중남미 온두라스에서는 국가 제창과 국기 맹세를 거부한 학생들의 졸업이 거부되기도 했다. 미국 플로리다에서는 여호와의 증인 신도인 아버지의 자녀 교육 권한을 박탈하기도 했으며, 스위스에서는 공공장소에 서적 전시대를 설치해 포교하는 행위를 금지하는 등 갈등이 계속되고 있다.

병역거부로 인해 구속되어 수감생활을 한 후 출감하게 되면 공무원은 물론이고 사회 진출에 어려움을 겪게 된다. 결국 여호와의 증인 활동에 집중하는 한편 제한적인 사회 활동을 하게 되는 것이다. 대체복무제도가 마련되기 어려운 남북 대치 상황에서 여호와의 증인 청년들은 사회적 주변인으로 전락하고 만다. 이로 인해 여호와의 증인은 사설 영어 교육 기관이나 수화 통역사 등 사회 조직으로부터 비교적 자유롭게 활동할 수 있는 대안들을 찾고 있다.

특히 여호와의 증인은 다수의 수화 통역사들을 보유하고 있으며, 수화를 사용해 활발한 농아인 포교를 진행하고 있어 주의가 요구된다. 시각장애인과 청각장애인들은 이단 미혹의 사각지대가 되고 있어 한국교회의 관심이 필요한 상황이다.[83] 여호와의 증인에 대한 국내 각 교단별 결의는 아래와 같다.

여호와의 증인	기성	1993년 87차 총회	이단
	고신	2009년 59차 총회	이단
	통합	2014년 99차 총회	이단
	기감	2014년 31차 총회	이단

여호와의 증인 이단규정 현황 출처: 현대종교 홈페이지

83 탁지일, 『교회와 이단』, 160-75 참조.

13. JMS

2009년 4월 23일 대법원은, 여신도들을 성폭행한 혐의 등으로 구속 기소된 기독교복음선교회(CGM, Christian Gospel Mission, 이하 JMS)의 설립자 정명석에게 징역 10년을 선고한 원심을 확정했고, 정명석은 10년을 복역한 후 2018년 2월 전자발찌를 착용하고 만기 출소했다.

정명석은 2003년부터 2006년까지 말레이시아, 홍콩, 중국 등지에서 여신도 5명을 강제추행하거나 성폭행한 혐의로 기소되었는데, 2008년 8월 12일 1심 재판에서는 3명의 여신도들에 대한 성폭행 혹은 성추행 혐의가 인정되어 징역 6년형을 선고받았고, 2009년 2월 10일 항소심에서는 추가 강제추행 혐의가 인정되어 징역 10년형을 선고받았다. 그리고 2009년 4월 23일 대법원은 원심이 정당하다고 판단해, 정명석의 상고를 기각하고 형을 확정했다.

정명석에 대한 수사기관의 내사는 1999년에 시작되었다. 하지만 정명석은 2001년 해외로 도피했고, 2003년 수사공조 의뢰를 받은 국제형사경찰기구(Interpol)에 의해 적색수배자로 분류되어 추적을 받았다. 결국 그는 2006년 4월 11일 중국에서 공안당국에 의해 체포되었고, 2008년 2월 20일 범죄인 인도 청구에 따라 국내로 송환되어 재판을 받았다. 서울고등법원 항소심 판결문(2008노2199)은, "이 사건 범행은 피고인[정명석]이 자신을 메시아로 믿고 추종하는 젊은 여신도들을 대상으로 성폭력 범죄를 수차례에 걸쳐 저지른 것으로써 그 죄질이 매우 무거운 점, 피해자들은 이 사건 범행으로 인하여 종교적 지도자에 대하여 극도의 배신감을 느끼면서 극심한 정신적·육체적 피해를 당한 점, 그밖에 피고인의 연령, 성행性行, 환경, 범행의 동기, 수단과 결과, 범행 후의 정황 등을 고려해 보면, 피고인에 대하여는 엄중한 처벌이 불가피하다"라고 양형의 이유를 밝힌다.

정명석에게 적용된 범죄 사실은 '준강제추행', '준강간', '강제추행', '강간치상 등이었으며, 형법 제50조, 즉 "형과 죄질이 가장 무거운 강간치상죄에 정한 형의 가중"에 따라 가중처벌되어 대전교도소에 수감됐다.

한편 2013년 10월 25일 대전고등법원에서 열린 국회 법제사법위원회의 대전지검 국정감사에서, 박범계 의원은 제출된 법무부 자료를 근거로 정명석의 잦은 외부 진료 특혜 및 설교 녹음 및 외부 유출에 대한 문제점을 지적하면서 정명석이 다른 수감자들에 비해 특혜를 받고 있다는 의혹을 제기하기도 했다.

정명석은 성적性的 이단 계보의 적자嫡子이다. 항소심 판결문에 나타난 공소 사실에 따르면, 정명석은 "교주 또는 총재로

서 선생님이라는 칭호로 불리며 절대적인 종교적 권위를 행사하여 왔다"고 전제하고, JMS의 주요 교리인 30개론은 "통일교 원리를 요약·인용한 것으로 성경을 상징과 비유로 설명해놓고 있는데, 그 주요내용은 예수님이 현실의 이 땅 위에 새롭고 놀라운 말씀을 가지고 수많은 사람의 무리를 이끌고 재림하였는데, 그 재림 예수가 피고인[정명석]이라는 메시지를 강하게 암시함으로써 위 교단의 신도들은 그를 메시아로 믿고 그의 면전에서 그가 메시아임을 고백"하기도 했다며 여신도들에 대한 성폭력 피해의 사이비종교적 배경을 설명한다.

실제로 정명석은 통일교에서 활동했으며, 깊은 교리적 영향을 받았다. 1975년 3월 20일 정명석이 친필로 작성해 제출한 세계기독교통일신령협회(통일교) 입회원서에 따르면, 그가 장로교 출신 집사이며, 고향은 충남 금산군 진산면 석막리 월명동이고, 통일교 진산교회에 출석하고 있다고 기록되어 있다. 현재 월명동은 JMS 신도들을 위한 모임 및 교육 훈련 장소로 활용되고 있다.

정명석이 영향을 받은 통일교의 가장 중요한 교리서는 문선명이 저술했다는 『원리강론』이다. 하지만 『원리강론』은 한국이단운동의 뿌리인 김백문의 『기독교 근본 원리』의 내용을 거의 그대로 옮긴 것이나 다름없다. 김백문의 창조원리, 타락원리, 복귀원리는 문선명의 『원리강론』에서 그대로 반복된다.

그리고 정명석은 문선명의 교리를 자신의 30개론 교리로 발전시켰다. 이는 정명석이 한국 성적性的 이단 계보의 적자嫡子임을 보여준다.[84]

정명석의 구속수감에도 불구하고 JMS 신도들의 활동은 오히려 뮤지컬, 연극, 영화, 연예, 모델, 댄스, 스포츠 관련 대학가 위장동아리들을 중심으로 국내외에서 활발해졌으며, 특히 2018년 정명석 만기 출소를 전후해 JMS의 활동이 전국 대학가에서 더욱 활발해졌다. 도대체 성범죄 전력을 가진 정 씨를 학업과 직장과 가정을 포기하면서까지 주님으로 믿고 따르는 이유가 무엇일까? 그중 상식과 합리성을 겸비한 고학력층이 많은 이유는 무엇일까?

미국의 대표적인 이단 전문가 스티븐 하산(Steven Hassan, 1954~)은, "스마트한 사람들의 특징은, 이단들과의 처음 만남이 상식적이고 합리적으로 이루어지면, 이후에 아무리 비상식적이고 비합리적인 교리가 등장해도 스스로 해석하고 받아들이는 능력이 있다"고 지적한다. 이들은 설령 교주가 사망하거나 시한부 종말 주장이 실패하더라도 자신의 선택이 틀리지 않았다는 것을 보여주기 위해, 교주의 죽음을 신격화하거나 미화한다.

---

84 탁지일, 『교회와 이단』, 126-43 참조.

그렇기에 정명석이 성범죄자로 밝혀졌을지라도 이를 결코 받아들일 수 없는 것이다. 왜냐하면 정명석의 성범죄를 받아들이고 그의 메시아 사명을 부정하는 것은 곧 그를 따랐던 자신의 오류를 인정하는 것이기 때문이다. 결국 JMS 신도들은 정명석의 사회적 범죄 행위마저도 미화하고 종교적으로 합리화하게 된다.

JMS는 불안정한 가정환경과 학교생활로 인해 위기에 처한 청소년들에게 따뜻한 보살핌을 제공하고, 불확실한 앞날에 대해 고민하는 청년대학생들과 친밀한 관계 형성을 맺어 고민을 완화시켜준다. 외면하기 쉽지 않은 치명적인 미혹이다.

JMS는 대학가 곳곳에 미혹의 덫을 놓고, 외모가 번듯한 청소년들과 청년대학생들을 적극적으로 포섭하고 있다. 이들을 JMS로부터 보호하기 위한 사회적 차원의 안전망이 필요하다. 일단 JMS와의 관계가 형성되면, 설령 JMS의 정체와 문제점을 인지하게 되더라도 JMS에 대한 자신의 선택을 불가피한 것으로 합리화하게 된다. **성聖을 빙자해 성性을 노리는 JMS를 막아내기 위한 예방과 경계가 필요하다.**[85]

통일교 출신의 정명석을 JMS 신도들은 주님으로 따른다. 하지만 종교단체보다 사회문화단체로 활동하고 있어 구분이

---

85 탁지일, "성을 노리는 JMS", 「생명의 삶」 (2018.7)

어렵다. 중고등학생들에게는 CGM자원봉사단이란 이름으로 접근하고, 국내 많은 대학들에서는 위장동아리 형태로 활동하고 있다. 이웃나라 일본의 대학가를 포함해 해외에서도 활동이 활발하다. 국내 유수한 대학들에서, 자원봉사자나 치어리더 혹은 행사 의전단과 모델들을 모집한다고 속여 접근하고, 무료로 악기를 가르쳐주거나, 대학생활 안내 혹은 스피치 특강 등의 프로그램을 통해 주로 외모가 뛰어난 여대생들에게 접근해 친밀한 관계를 형성한 후 포교를 진행하고 있다.

성장하는 한국이단들에는 특징이 있다. 첫째, 교주는 사회적·신학적 교육을 체계적으로 받은 적이 없다. 하지만 성경 내용에는 익숙하기 때문에, 교주들은 성경에 대한 올바른 이해보다는 임의적이고 자의적인 창의적 해석에 능하다. 둘째, 핵심간부들은 똑똑한 고학력 엘리트들이다. 이들이 비성경적이고 비상식적인 교주의 주장을 교리로 체계화하고, 이를 가지고 신도들을 세뇌하고 통제하는 시스템을 만드는 역할을 한다. 이 두 가지 요건을 충족한 이단이라야 성장과 지속이 가능하다.

수능을 끝내고 대학생활을 막 시작하는 시기는 새내기들을 향한 JMS와 신천지를 비롯한 대학가 이단들의 미혹이 가장 거센 시기다. 낯선 환경에서 낯선 이들을 만나야만 하는 감수성이 예민한 새내기들을 향해, 양의 옷을 입고 우는 사자처럼 이단들이 달려들고 있다. 이단 예방과 대처를 위한 골든타임이 시작된 것이다.

'거짓말을 종교적으로 합리화'하고 '도덕적 불감증으로 무장'한 이단들이 대학가를 누비고 있다. 게다가 최근 이단사이비 조직들은 '종교적 헌신'이라는 미명으로 '합법적인 착취'를 자행하며, 오늘을 힘들게 살아가는 청년세대들을 두 번 울리고 있다. 청년세대에게 삶과 신앙의 좌표는 제대로 제시하지도 못한 채, '조심이 안심'이라고 목소리를 높여야만 하는 나를 비롯한 오늘날 기성세대의 초상이 슬프기만 하다.[86] JMS에 대한 국내 각 교단별 결의는 아래와 같다.

JMS	고신	1991년 41차 총회	이단
	통합	2002년 87차 총회	반기독교적 이단
	합동	2008년 93차 총회	이단
	기감	2014년 31차 총회	이단

JMS 이단규정 현황 출처: 현대종교 홈페이지

86 탁지일, "헌신인가, 착취인가", 「국민일보」 (2018.12.4.)

14. 만민중앙교회

대법원은 2019년 8월 9일 상습준강간 등의 혐으로 기소된 만민중앙교회 이재록에게 징역 16년을 선고하고 80시간의 성폭력 치료 프로그램 이수와 10년간 아동청소년 관련기관 취업제한을 명령한 원심 판결을 확정했다. 판결에 따르면, 이재록은 만민중앙교회 여신도 9명에게 40여 차례에 걸쳐 성폭행과 성추행 등의 피해를 입혔으며, 특히 지위, 권력, 신앙심 등을 이용해 피해자들을 심리적 항거불능 상태로 만든 후 성범죄를 저지른 것으로 드러났다.

이재록은 병 고침을 경험한 후 신학을 전공하여 1986년 목사가 되었다. 신학생이던 1982년 서울 동작구 신대방동에 만민중앙교회를 개척했으나, 1990년 교리문제로 예수교대한성결교단에서 이단규정 및 제명처분을 받고, 예수교대한성결교연합이라는 교단을 설립한다. 이후 만민중앙교회는 신도 6만명의 대형교회로 성장하게 된다.

1998년에는 신비주의적인 비성경적 치유, 은사, 축복 등을 강조하여 교계에 물의를 일으켰다. 「현대종교」에 따르면, 이재록은 직통계시를 강조하고 자신을 신격화하는 등의 주장을 한 것으로 알려져 있다. 예를 들어, "자신이 처음과 끝이며 심판의 권세자이고 죄 사함의 권세가 있다. 자신이 하나님의 친아들이며 아브라함도 부르면 온다. 자신은 원죄나 자범죄가 없어 어떠한 죄를 지어도 죄가 안 된다. 말씀이 하나님이며 자신이 말씀을 다 이루었으니 곧 자신이 하나님이다. 천국은 일천 층, 이천 층, 삼천 층으로 이루어져 있는데 헌금의 정성이나 액수에 따라 층별 천국과 여러 가지 재료로 만들어진 처소가 결정된다"고 주장했다. 특히 자신의 고향인 전남 무안에서 나오는 물을 "무안단물"이라고 부르며, 이를 마시면 질병이 낫는다는 주장을 하고, 또한 자신이 안수한 손수건을 대면 병 고침을 받는다는 등의 비성경적인 주장을 해 여러 교단이 이재록과 만민중앙교회를 이단으로 분류하고 있다.

만민중앙교회와 이재록이 사회로부터 주목을 받게 된 것은, 1999년에 한 언론사 시사고발 프로그램이 도박, 음주, 성추문을 보도하면서부터다. 방송 도중 만민중앙교회 신도들이 방송국 주조종실을 점거하고 방송장비를 부수는 등 난동을 부렸고, 이로 인해 방송 송출이 중단되는 초유의 사건이 일어났다. 결국 사건을 주도한 신도들은 전파법 위반죄로 기소되어 징역형을 선고받았다. 하지만 제기된 의혹은 20여 년이 흐른 후 사실로 드러나게 된다.

2018년 이재록의 성폭행 혐의가 피해자들의 경찰 신고를 통해 수면으로 떠오르게 된다. 피해자들은 이재록의 연락을 받고 찾아간 장소에서 성폭행을 당했다고 진술했다. 피해자들에 따르면, "나를 믿고 사랑하면 더 좋은 천국에 갈 것"이라고 회유하며 성폭행을 했다고 한다. 같은 해 5월 3일에 이재록에게 구속영장이 발부되었고, 11월 22일 1심에서 상습준강간 등의 혐의로 징역 15년이 선고되었다. 2019년 5월 17일의 항소심에서는 원심보다 형량이 높은 징역 16년의 중형이 선고되었다.

무엇보다 안타까운 사실은 1999년에 이재록의 성범죄를 해결하지 못해서, 그 때문에 결국 그후 20여 년간 지속적이고 상습적인 성범죄가 일어났다는 사실이다. 특히 상습준강간이란 죄명에서 보여지는 것처럼, 이재록은 종교적인 권위를 가지고 피해자들로 하여금 상식적인 판단을 할 수 없도록 만들어 범죄를 저질렀다는 사실이다. 피해자들이 이재록의 성범죄 앞에 섰을 때, 그들에게는 '옳고 그름의 상식적 판단'이 아니라 '순종과 불순종의 왜곡된 종교적 판단'으로 이끌린 것이다. 이에 종교적 확신범에 의한 상습범죄가 반복된 것이다.

2020년 현재 수감 중인 이재록을 대신해 딸인 이수진이 만민중앙교회를 맡고 있다. 이는 1천억 원 대의 자산을 세습하고, 수감 중인 이재록을 대신해 현 체재를 유지하기 위한 것으로 보인다.[87] 이재록에게 피해를 입거나 실망한 이들은 만민중

87 장인희, "만민중앙교회 이수진 복귀와 그 속내", 「현대종교」 (2020.1)

앙교회를 탈퇴해 회복의 길을 걷고 있다.[88] 만민중앙교회에 대한 국내 각 교단별 결의는 아래와 같다.

만민중앙교회	예성	1990년 69차 총회	이단
	통합	1999년 84차 총회	이단
	합신	2000년 85차 총회	참석금지
	고신	2009년 59차 총회	이단
	기감	2014년 31차 총회	예의주시

만민중앙교회 이단규정 현황 출처: 현대종교 홈페이지

15. 은혜로교회

언론에 보도된 은혜로교회 타작마당은 반인륜적 폭력 현장 그 자체였다. 죄의 회개와 용서를 명분으로 심지어 부모자식과 신도들 간의 참혹한 폭력이 오고갔다. 그리고 그 중심에는 신옥주가 있었다. 공동상해와 특수폭행, 중감금, 사기, 아동복지법 위반 등의 혐의로 기소된 신옥주는 2019년 11월 5일 항소심에서 1심보다 형량이 가중된 징역 7년을 선고 받았다. 하지만 여전히 은혜로교회 신도들은 '폭력'을 '성경적 삶'으로 미화하며, 피지(Fiji)와 한국에서 생활하고 있다. 최근 언론에

---

88 장인희, "만민중앙교회 이탈자 예배현장을 다녀오다", 「현대종교」(2019.9)

서는 은혜로교회가 베트남 하노이로의 이주를 시도하고 있다는 보도를 했다.[89]

2009년 8월 바울사관아카데미로 시작된 은혜로교회의 신옥주는 남태평양 피지가 "약속의 땅", "하나님의 땅", "아름다운 땅", "만세전 약속된 땅"이라고 주장했다. 기근을 피할 수 있으며, 세상을 구원할 수 있는 땅이 바로 피지라고 주장하면서, 400여 명의 신도들을 집단 이주시켰다. 한국의 대부분의 이단들이 '한국'을 약속의 땅이라고 주장하며 적극적인 국내 부동산 확보를 해온 반면에, 은혜로교회는 해외에 중심거점을 마련하는 데 집착하는 새로운 유형을 보여주었다. 바야흐로 한국이단의 세계화가 단순 거점 확보를 넘어 '이주'라는 새로운 형태로 나타난 것이다.

신옥주는 이러한 자신의 주장에 비판적이거나 비협조적인 안팎의 사람들을 적극적으로 응징했다. 은혜로교회의 이단성을 문제시하는 이들에 대해서는 물론이고, 피지 이주에 회의적이거나 반대하는 신도들과 가족들에 대해서도, 재앙으로 인해 죽을 것이라는 저주와 폭력도 마다하지 않았다. 신옥주는 자신이 성경의 비밀을 해석하는 능력이 있으며, 자신의 모

89 SBS, "감옥에서 보내온 성령: 낙토는 왜 사라지지 않나", 「그것이 알고싶다」 (2019.9.21.)

든 말과 행동은 성경적이라고 주장한다. 즉 자신에게 반대하는 이들은 반성경적이기 때문에 종교적 응징이 가능하다는 것이다. 2015년 11월 15일 부산역 광장에서 벌어진 은혜로교회의 시위 중 나눠준 전단지에는 "성부 하나님만이 참 하나님이시며 성자 예수 그리스도는 육체로 오신 하나님의 독생자로 피조물"이라는 반삼위일체적 주장도 담겨 있었다.[90]

신 씨는 신도들로 하여금 가족을 버리고 피지로 이주시키기 위해 성경을 이용한다. "형제가 연합하여 동거"(시 133:1)해야 하며, "누구든지 하나님의 뜻대로 행하는 자"(막 3:35)가 가족이라고 주장하면서, 재산을 바치고 피지로 갈 것을 요구한다. 하지만 언론에 비친 신도들의 생활은 집단농장에서 밤낮없이 일하는 노예와 같은 모습이었고, 죄의 용서와 회개를 위한 타작마당에서는 부모자식 간의 무차별적인 폭력이 신앙이라는 이름으로 합리화되는, 하나님의 기본적인 창조질서를 무너뜨리는 비상식적이고 반사회적인 모습이었다.

신옥주는 신도들의 통제를 위해 잔인한 폭력을 지속적으로 자행했다. 소위 "타작마당"이라는 비성경적 통제시스템을 통해서였다. 예배 중에 신도들의 머리카락을 자르고 뺨을 거칠

---

90 조민기, "은혜로교회, '예수 그리스도와 성령은 피조물' 주장", 「현대종교」(2016.1)

게 수차례 때리며 바닥에 내동댕이치면서 이를 죄의 회개와 용서를 위한 "타작마당"이라고 불렀다. 심지어 부모와 자식이 서로의 뺨을 사정없이 때리도록 했다. 누가복음 3장과 마태복음 3장을 인용하며, 타작마당이 의인과 악인을, 알곡과 가라지를 구분하는 곳이라고 주장했다. 하지만 어떠한 폭력도 신앙이라는 미명으로 합리화될 수 없다. 은혜로교회의 타작마당은 신앙의 이름으로 씻을 수 없는 고통을 남기고, 사랑하는 가족을 가해자와 피해자로 전락시키며, 오로지 신 씨의 가학성을 충족시키는 장소로 전락했다.

어떻게 이런 일이 벌어질 수 있는지 모든 사람이 궁금해한다. 보편적 '상식'으로는 신옥주와 은혜로교회의 '비상식'을 이해할 수 없다. 조국과 가족을 떠나, 선택의 여지없이 피지에서 살아가는 이들에게는, '옳고 그름의 잣대'가 아니라 오직 신 씨를 위한 '순종과 불순종의 잣대'만이 남아 있을 뿐이다. 아니면 이제는 뒤돌아서 나오기 힘든 자신들의 선택이 틀리지 않았음을 입증하기 위해, 피지가 약속된 땅이며 신 씨가 약속된 목자라는 허무맹랑한 거짓을 사실로 계속 믿어야만 하는지도 모른다.

무엇보다도 아직도 피지에 남아 있는 400여 명의 한국인 신도들에 대한 보호와 회복 지원이 시급하다. '피지에서의 고립된 삶'을 '약속의 땅에서의 행복'이라 여기며 하루하루를 보내는 이들에 대한 정부 차원에서의 개입이 필요해보인다. 피지(Fiji)는, 은혜로교회 신도들에게 '피난의 땅避難地'이 아니라 '피해의 땅被害地'이 되었다.[91] 은혜로교회에 대한 국내 각 교단별 결의는 아래와 같다.

은혜로교회	합신	2014년 86차 총회	이단
	고신	2015년 65차 총회	참여 금지
	통합	2016년 101차 총회	이단성
	합동	2016년 101차 총회	집회 참석 금지
	백석대신	2018년 103차 총회	이단

은혜로교회 이단규정 현황 출처: 현대종교 홈페이지

91 탁지일, "타작마당 충격", 「기독교타임즈」 (2018.10.10.)

4장

세계와 이단

2018년 기준 한국교회의 해외선교 현황은 171개국 선교사 27,993명이라고 한국세계선교협의회(KWMA)가 밝혔다. 이들 중 동북아시아(5,916명), 동남아시아(5,865명), 한국(본부, 2,223명), 남아시아(1,707명), 중앙아시아(930명), 중동(1,110명) 등지의 선교사 총수가 17,751명(63%)에 이르고 있어, 한국교회의 선교가 지리적으로 인접한 아시아에 집중되어 있는 것을 알 수 있다.[92] 한편 한국교회의 선교가 활발하게 진행되고 있는 동안, 한국이단들의 선교지 침투도 빠르게 성장하고 있다. 이제 '이단 대처' 없는 '세계선교'는 밑 빠진 독에 물을 붓는 것과 같은 상황이 되고 있다.

---

92 한국세계선교협의회, "2018년 12월 한국 선교사 파송 현황".

한국이단들의 해외진출 유형은 크게 두 가지다. 하나는 재외동포 포교에 집중하는 단체들 그리고 다른 하나는 현지인 포교에 집중하는 단체들이다. 전자는 신천지가 대표적이며, 이들은 재외동포 다수 거주지역인 미국과 일본을 비롯해 호주와 유럽 등지의 한인교회들과 기독교인들을 대상으로 집중적인 포교를 시도하고 있다. 후자는 하나님의교회와 구원파가 대표적이며, 재외동포 다수 거주지역뿐만 아니라 최근 한류가 영향을 미치고 있는 해외 곳곳에서 포교활동을 전개하고 있다.

16. 미국의 한국이단들

외교부 재외동포 관련 통계에 따르면, 2019년 기준 재외동포는 미국(2,546,982명), 중국(2,461,386명), 일본(824,977명) 등지에만 총 5,833,345명(78%)에 이른다. 절대 다수다.[93] 이들 국가들에는 2018년 현재 총 7,686명(26%)의 한국교회 선교사들이 파송되어 있으며, 한국이단들의 포교 거점들도 역시 이들 지역에

93 대한민국 외교부, "재외동포 다수거주국가", www.mofa.go.kr

다수 자리 잡고 있다.[94]

미국의 경우에도 재외동포들이 다수 거주하고 있는 동부의 뉴욕과 뉴저지 그리고 서부의 LA와 샌프란시스코를 중심으로 한국이단들의 거점이 형성되어 있다. 주목할 점은 기독교 복음이 들어온 미국으로 한국이단들이 활발하게 역진출하고 있다는 사실이다. 미국에서 한국인을 반가워하는 미국인은, 한류에 매료된 이들이거나 한국 교주에 미혹된 이단 신도들일 경우가 많다. 최근 한국이단들이 한류를 타고 성공적으로 해외로 진출하고 있으며, 이들의 미국 거점은 최대 교민 거주 지역인 뉴욕과 LA 인근이다.[95]

2019년 여름, 미국 뉴욕과 뉴저지 한인교회에 이단 특강을 위해 다녀왔다. 강의를 준비하며, 뉴욕 지역 이단 동향을 조사했는데, LA와 함께 많은 한인이 거주하고 있는 뉴욕 지역은 수많은 한국이단들이 활동하고 있었다. 심지어 태평양을 건너며 변형된 소규모 단체들까지 포함하면 그 숫자는 오히려 국내보다 더 많아보였다. 그나마 교회의 통제가 이루어지는 한국과는 달리, 익명성과 유동성을 특징으로 하는 이민사회에서의 이단문제는 다양한 변이를 거치며 더욱 복잡한 양상

---

94 한국세계선교협의회, "2018년 12월 한국 선교사 파송 현황".

95 탁지일, "뉴욕의 한국이단들", 「국민일보」 (2019.7.23.)

을 드러내고 있다.

미국 정치문화의 중심인 뉴욕 지역에는 대표적인 미국이단들의 활동이 활발하다. 미국 대각성운동의 중심지역인 동북부지역에서 시작된 예수그리스도후기성도교회(이후 모르몬교)가 대표적이다. 현재 한국에서도 적지 않은 교세를 가지고 있는 모르몬교는 미국의 제2차 대각성운동이 일어났던 19세기 초중반에 발흥했다. 발흥지는 미국판 동방의 예루살렘(Burned-over District)이라고 불린 뉴욕주 북부(Upstate New York)지역이었다. 교회 부흥의 때는 이단 발흥의 때와 일치한다는 교회사의 보편적인 원칙에는 예외가 없다.

또한 뉴욕 지역은 한국이단의 뿌리인 통일교의 중심이다. 맨해튼에는 통일교의 거점인 뉴요커호텔이 있다. 뉴욕주 북부 허드슨 벨리에는 문선명의 저택과 통일교신학교 등이 자리 잡고 있다. 현재 후계구도의 불안정성을 노출하며 친속들 간에 돈의 전쟁을 치르고 있지만, 통일교의 미국 내 기반은 여전해보인다. 이밖에 박옥수 구원파의 IYF는 매년 뉴욕에서 월드캠프(World Camp)를 개최하고 있다. 이번 이단 특강 후, 박옥수 구원파는 집회를 보도한 언론과 필자를 초청한 교회를 압박하며 자신들은 이단이 아니라고 항변하고 있다고 한다.

특히 하나님의교회 세계복음선교협회의 미국 현황은 독보적이다. 하나님의교회의 홍보 동영상과 자료에 따르면 미국 내 50개 주에 거점을 마련했다고 주장하고 있다. 뉴욕 지역만 해도 뉴윈저와 미들타운 등을 비롯한 다수의 대규모 거점들이 있고, 최근에는 뉴욕 퀸즈(Queens) 지역에 새로운 거처를 마련한 것을 필자가 우연히 발견했다. 특히 한국에서와 마찬가지로 알바니, 롱아일랜드, 햄스테드주립공원 등 곳곳에서 환경정화 봉사활동을 진행하며 주류사회 정착을 시도하고 있다. 미국인들에게 집중된 하나님의교회 포교 특성상 한국교민들은 이러한 사실조차 인지하지 못하고 있었다. 이미 미국에서는 하나님의교회 피해자들이 자체 홈페이지(www.examiningthewmscog.com)를 제작하여 반대 활동을 하고 있으며, 관련 법정 소송들이 뉴저지에서 진행되기도 했다. 또한 이탈자들과 피해자 가족들을 중심으로 문제제기가 계속되고 있으며, 주요 언론들도 관심을 갖고 보도하고 있다.

신천지예수교 증거장막성전도 한인들이 밀집된 지역들을 중심으로 교민사회에 파고들고 있다. 최근 신천지의 『신천지 12지파 인맞음 확인 시험』 자료집에 따르면 미국에는 LA, 샌프란시스코, 시카고, 뉴욕 등지에 거점들이 있으며, 뉴욕과 시카고에는 대구경북지역의 다대오지파가 뉴욕시온교회라는 이름으로 포교를 진행하고 있고, 요한지파는 LA에서, 도마지파는 샌프란시스코에서 신도들을 확보하고 있다.[96] 이미 뉴욕 지역 한인교회 여러 곳에서 신천지 포교가 시도된 정황들이 있으며, 거짓말(모략)을 무기로 교회를 무너뜨리는 데 집중하고 있다.

한국으로 돌아오기 며칠 전 뉴욕 맨해튼에 대규모 정전사태가 발생해 암흑천지가 되었다. 바로 그 전날 맨해튼에서 철야예배 특강을 한 것을 생각하며 하나님의 은혜에 감사했다. 온갖 한국이단들의 온상이 되어버린 미국, 이단들로 인한 캄캄한 대규모 영적 정전이 발생하기 전에 조국 교회의 지원과 이민 교회의 대책 마련이 절실하다.

17. 중국과 일본의 한국이단들

중국의 경우 재외동포들이 다수 거주하고 있는 동북3성(라오닝성, 지린성, 헤이룽장성) 지역에 한국이단들의 진출이 적극적으로 이루어지고 있다. 특히 중국의 동북단 끝에 위치한 헤이룽장성은 가장 많은 이단들이 발흥한 곳이라고 한다. 2017년 여름

96 신천지예수교 증거장막성전, 『신천지 12지파 인맞음 확인 시험』 자료집 (2017)

헤이룽장성 교회 및 정부의 종교담당 실무자들의 초청을 받고, 중국에서 활동하는 한국이단들과 한국에서 활동하는 중국이단들에 대한 대처방안을 논의하는 모임에 참석했다.

한국의 이단 대처가 교단 중심으로 이루어지고 있는 반면에 중국의 이단 대처는 정부를 중심으로 진행되고 있었다. 헤이룽장성의 경우 반사교협회와 종교국이 공안과의 밀접한 협력을 통해 이단 대처를 하고 있었다. 한국은 이단 경계와 피해회복에 초점이 맞춰져 있지만, 중국은 이단 통제와 재발방지가 주관심이다. 한국의 공권력은 이단의 위법행위가 발생해야 개입을 하지만, 중국의 경우는 예방적 차원에서 성省정부와 삼자교회가 적극적으로 개입하는 분명한 차이가 있었다.

그런데 이러한 강력하고 조직적인 중국정부의 이단 대처는 예상치 않은 결과를 가져왔다. 중국이단들이 한국으로의 거점 이동을 시도하게 된 것이다. 한국은 지리적으로 중국과 가깝고, 종교에 대해 상대적으로 관용적이기 때문에, 중국이단들에게는 최적의 장소가 되고 있다. 이에 중국이단들은 최근 정부의 통제를 피해 조직적으로 한국 입국과 거점 확보를 위해 노력하고 있다.

중국이단들의 한국행이 이어지는 한편, 한국이단들도 한류를 타고 성공적으로 세계화하고 있다. 중국에도 하나님의교회와 신천지의 활동이 활발하다. 때와 장소를 가리지 않는 하나님의교회의 저돌적인 포교활동은, 한국교회 선교에 대한 중국정부의 부정적 인식과 대처로 이어지는 등의 부작용을 낳고 있다. 신천지는 지린성 등을 통해 중국 내 주요도시들로 확장하고 있으며, 중국 상해의 신도 수는 수백 명에 이르는 것으로 알려지고 있다.

『신천지 12지파 인맞음 확인 시험』 자료집에 따르면, 신천지 요한지파는 상해, 부산야고보지파는 북경, 대련, 심양, 천진, 청도, 서울야고보지파는 가목사, 길림, 남경, 십언, 연길, 장춘, 학강, 할빈, 계서, 도문, 목단강, 수화 등지에 거점을 마련하여 포교활동을 하고 있는 것을 볼 수 있다.[97]

2019년 10월 25일 부산장신대학교에서 개최된 한중 이단대책 세미나 및 연석회의에서 루오 쳉(LUO Cheng, 상해사회과학원 조교수)은 "상해지역에 신천지에 대한 조사: 한국의 파괴적인 컬트(A Brief Research on SCJ in Shanghai Area: As a Destructive cult from South Korea)"라는 주제로 발표했는데, 그는 "신천지가 중국에 18개 교구를 만들었는데, 상해에 큰 조직을 이루었다. 그 조직을 중심으로 한 2002~2018년 연구다"라고 설명한 후 "신천지가 15개 신학원을 갖고 있다. 재력이 어마어마하고 실력이 거대하다"며 중국 전역에 신천지의 위치를 알리고, 중국 신천지

---

97 신천지예수교 증거장막성전, 『신천지 12지파 인맞음 확인 시험』 자료집 (2017)

조직도를 보이며 설명했다. 덧붙여 "신천지는 트렌드에 맞춰 젊어지고 전문화되고 있다. 엘리트화되고 서양화되며 변화되고 있다"고 소개했다. 신천지의 성장속도가 빠른 것을 염려하면서, 중국에서 신천지는 NGO를 이용하거나 상업 활동을 통해 활동하고 남은 돈을 한국에 헌금한다고 밝혔다. 대학생의 경우 "등산, 사진, 댄스, 달리기, 봉사활동 동아리로 포교하고 한 명을 대상으로 3명이 동원된다"고 전했다. 그 외에도 체육 행사 자원봉사 모집, 사회봉사단체에서 어려운 사람들과 접촉하며 포교, 중국 전통의상 입는 단체와 걷기대회, KFC, 맥도날드 등에서 일대일 포교, 여성과 아름다움을 주제로 세미나 개최 등의 다양한 포교 사례를 소개했다.[98]

이날 세미나에서 얀 케지아(YAN Kejia, 상해사회과학원 종교연구소장·상해종교학회장) 교수는, "중국의 사교 현황과 연구방법(Cult and Cultic Studies in China)"에 대해 발표하면서, "1999년 정부에서 사교인 파룬궁에 대해 반대하는 것을 발표했다. 파룬궁은 불교 교리를 기초로 해서 생긴 사교다. 파룬궁에 반대하면서 중국정부에서는 14개의 사교를 확정지었다. 그 외에 다른 사교는 정하고 있지 않다"며 "파룬궁 외에는 기독교 교리를 기본으로 갖고 있는 사교라는 점이 중요한 특징이다"라며 분석

98 김정수, "한중 이단대책 세미나 및 연석회의 개최".

하고, "종교연구소에서 계속해서 사교에 대해 관심을 갖고 있는데, 특별히 기독교 배경을 가진 사교에 대해 관심을 갖고 연구하고 있다"고 밝혔다.[99]

헤이룽장성을 포함한 동북3성에는 많은 조선족들이 살고 있어, 한국이단들의 주요 포교 거점들이 만들어지고 있다. 이는 추후 북한선교에도 많은 악영향을 줄 것으로 예상된다. 이단문제는 예방이 최선이다. 중국정부나 동북3성 정부와 이단대처를 위한 정보교류와 협력을 위한 네트워크를 구축할 필요성이 제기된다.[100]

한편 지리적으로 한국에서 가장 가깝고, 정치사회적으로도 가장 밀접한 관계에 있는 일본에도 많은 한국이단들이 진출해 활동하고 있다. 도쿄, 오사카, 후쿠오카 지역을 중심으로 한국이단들의 활동이 이루어지고 있다. 신천지는 도쿄(맛디아지파), 후쿠오카(요한지파), 오사카(부산야고보지파)를 중심으로 복음방 개설과 추수밭 활동을 진행하고 있다.[101] 또한 구원파 계열인 박옥수의 기쁜소식선교회(도쿄, 오사카, 야마가타, 큐슈, 히로시

99 김정수, "한중 이단대책 세미나 및 연석회의 개최".

100 탁지일, "헤이룽장성과 부산".

101 신천지예수교 증거장막성전, 『신천지 12지파 인맞음 확인 시험』 자료집 (2017)

마, 나고야, 치바, 시즈오카, 히메지)와 이요한의 생명의말씀선교회(고리야마, 기후, 나고야, 니가타, 도쿄, 도쿄 신주쿠, 센다이, 야마가타, 오사카, 오사카 중부, 요네자와, 후쿠오카)가 활발하게 활동하고 있다.

하나님의교회는 도쿄(1998), 요코하마(2002), 교토(2003), 후쿠오카(2007), 요코다(2009), 나고야(2010), 구마모토(2011) 교회를 중심으로 공격적인 포교활동을 하고 있다. 통일교는 문선명의 사망에도 불구하고 여전히 일본 내의 세력을 유지하고 있고, JMS(기독교복음선교회, 섭리, 모닝스타)도 일본 내 대학에서 여전히 활동하고 있다. 미국에 뿌리를 둔 모르몬교의 활동이 아시아에서 가장 활발한 곳도 일본이며, 모르몬교는 도쿄, 삿포로, 후쿠오카 등지에 세 곳의 성전(Temple)을 가지고 있다.

18. 인도차이나의 한국이단들

인도차이나 국가들과 이주노동자, 유학생, 결혼이민자 등을 통한 한국과의 인적·물적 교류가 활발하게 이루어지고 있고, 이와 함께 한국이단들의 진출도 활발하다. 2017~2019년 한국연구재단의 지원으로 인도차이나에 진출한 한국이단들의 현황을 연구할 수 있었다.

인도차이나반도의 라오스, 베트남, 캄보디아에서는 한국

이단들인 기쁜소식선교회(Good News Mission), 생명의말씀선교회(Life Word Mission), 신천지(Shincheonji), 통일교(Family Federation for World Peace and Unification, the Unification Church), 하나님의교회(Church of God World Mission Society) 등이 주목할 만한 활동을 펼치고 있으며, 이들에 대한 긍정적·부정적 평가가 현지에서 동시에 이루어지고 있다.

이들 단체는 한국 교민들은 물론이고 현지 국민들을 대상으로 한 적극적인 포교활동을 진행 중이며, 이는 국가 상호간 신뢰와 관계 증진에 적지 않은 영향을 미칠 것으로 예상된다. 특히 사회주의적 배경을 가지고 있고 외국인들의 포교활동에 민감한 국가에서의 공개적인 포교활동으로 인해, 다양한 갈등이 유발되고 있다는 부정적인 사례들도 보고되고 있어 민감한 외교적 사안으로 발전할 가능성도 배제할 수 없는 상황이다. 특히 프랑스 식민지와 공산주의 배경을 가진 라오스, 베트남, 캄보디아로 한국이단들이 진출하고 있다.

한편 이들 국가들로부터 국내로 들어오는 이주노동자, 유학생, 결혼이민자들의 숫자를 고려할 때, 한국이단들의 부정적 영향은 현지 국가들뿐만 아니라, 국내에도 영향을 줄 것으로 보인다. 한국에서 위의 단체들에 가입한 이주노동자들과 유학생들의 귀국 및 결혼이민자들의 자국 방문을 통해, 자국민 포교가 이루어지고 있다는 보고도 있어, 향후 양국 관계에 미칠 영향도 예의주시하게 된다. 또한 이들 국가들에 대한 여행객들을 통한 인적·물적 교류도 활발한 상황이다.[102]

첫째, 라오스에서 활동하는 한국이단들에 대한 현장조사를 위해 2019년 1월 26~28일에 라오스 비엔티안(Vientiane)을 방문했다. 종교 포교가 인도차이나 다른 국가들에 비해 엄격한 라오스에서는 한국계 이단들의 활동도 제한적으로 이루어지고 있었다.

한국 기독교에 의해 소위 구원파 계열로 분류되는 기쁜소식선교회와 하나님의교회 활동이 진행되고 있었다. 기쁜소식선교회의 경우 라오스 수도 비엔티안에 라오스비엔티안교회가 활동을 준비하고 있으며, 하나님의교회는 비엔티안에 라오스인 수십 명이 모이는 모임처가 있다. 하나님의교회 공식 플레시몹 동영상에 따르면 이들 대부분이 청년들인 것을 알 수 있다.[103] 특히 하나님의교회는 라오스에서 국제경기를 위해 한국을 방문한 라오스 대표팀을 위한 서포터즈 활동과 라오스 현지 자원봉사활동을 매개로 라오스 사회와의 관련성을 확대해나가는 포교활동을 진행하고 있는 것으로 보인다.

---

102 탁지일, "인도차이나 한국 기독교계 신흥종교운동 현황 연구: 라오스, 베트남, 캄보디아를 중심으로", 「한국기독교신학논총」(2020.4)에 게재된 글을 재인용.

103 하나님의교회 세계복음선교협회, www.watv.org를 참조하라.

현재 라오스한인연합교회를 담임하는 김기주 목사에 따르면, 인도차이나반도의 교통 요지인 라오스는 종교의 자유를 보장하는 한편, 외국계 종교들에 대한 통제가 동시에 이루어지고 있으며, 하나님의교회 활동도 정부의 제재로 인해 중단되었다고 한다.[104] 하지만 향후 라오스의 지정학적 위치를 고려할 때, 인도차이나반도 주변 국가들은 물론이고 중국으로부터 이단들의 유입이 예상된다고 전망했다.[105]

둘째, 베트남에서 활동하는 한국이단들에 대한 현장조사를 위해 2016년 10월 15~22일과 2019년 1월 28일~2월 5일까지 두 차례에 걸쳐 베트남의 호찌민(Ho Chi Minh)과 하노이(Hanoi)를 방문했다.[106]

2016년에 방문한 호찌민 베트남복음주의연합(Vietnam Evangelical Fellowship)은 다양한 교단들 특히 가정교회들이 중심이 되어 조직된 단체였다. 장로교, 감리교, 침례교, 성결교, 하나님의성회, 재세례파 등 다양한 교단들로 구성되어 있다. 그리고 2019년에는 하노이의 기독교선교연맹(CMA, Christian & Missionary Alliance)과 베트남복음주의연합 관계자들을 만나 인

---

104 라오스한인연합교회 김기주 목사와의 인터뷰 (2019.1.27.)

105 같은 자료.

106 베트남 현지 방문조사를 마친 후, 「현대종교」(2016.12)에 게재한 "베트남의 한국이단들"이라는 제하의 글을 수정·보완했다.

터뷰했다.

이러한 현지조사와 인터뷰를 통해, 베트남에는 많은 한국 이단들이 활동하고 있는 것을 확인할 수 있었다. 인도차이나 반도에서 경제적으로 급성장하고 있는 베트남에는 한국교회의 선교뿐만 아니라, 이단들의 포교와 정착도 활발하게 이루어지고 있으며, 이들은 현재 한류를 활용해 적극적인 포교활동을 펼치고 있다.

한국이단들 중에는, 기쁜소식선교회 IYF(International Youth Fellowship, 국제청소년연합)의 활동이 두드러지고 있다. 그들은 대학가를 중심으로 영어캠프와 문화활동을 중심으로 자리를 잡고 있다. 베트남 대학들에서도 IYF 소속 관계자들과 대학생들이 활동하고 있다고 한다. 베트남에서의 대규모 집회가 어렵게 되자, 학생들을 캄보디아로 데려가 월드캠프에 참가시키고 있다고 한다. 최근 IYF 해외봉사활동의 부작용이 국내외에서 보고되고 있는 상황에서 베트남 대학생들에게 한류에 대한 부정적 이미지가 심어지지는 않을지 염려된다. 특히 대학가 등 공교육 현장에서 이루어지는 IYF의 활동에 대한 대처가 필요하다는 데 베트남교회 지도자들은 공감하고 있다.[107]

한편 하나님의교회 활동 또한 적극적으로 이루어지고 있

---

107 호찌민 베트남교회 목회자들과의 인터뷰(2016.10.18~20.)

다. 수년 전 하노이에는 30여 명, 호찌민에는 100여 명의 베트남 청년 신도들이 있는 것을 하나님의교회 홍보 동영상을 통해서 알 수 있다.[108] 하지만 최근에 제작된 홍보 동영상에는 베트남 호찌민에만도 수백 명의 신도들이 있는 것으로 추정된다. 심지어 호찌민 중심가에서 공개적인 포교활동을 펼치고 있다. 중국에서의 하나님의교회 포교활동으로 인해 한국 선교사들의 활동이 위축되고 정기적으로 추방당하는 일이 생기고 있는 상황에서, 베트남에서의 하나님의교회 포교활동으로 인해 한국교회의 베트남 선교가 어려움을 겪을 수 있다는 우려가 생겨나고 있다. 이미 한국 선교사들에 대한 베트남 정부의 동향 파악이 상세하게 이루어지고 있다는 점으로 미루어 볼 때, 하나님의교회가 향후 한국교회 선교의 변수로 작용할 것으로 보인다.

신천지도 예외는 아니다. 한국과 마찬가지로, 베트남 현지 한인교회들 내에서 신천지 신도들이 활동하고 있다는 우려가 있다. 최근 국내 신천지 신학원 졸업생들 중에는 베트남인들이 다수 있고, 이들이 베트남으로 다시 돌아가 포교활동을 하고 있다는 보고도 있다.[109] 베트남에 인접한 중국의 북경, 상해,

108 하나님의교회 세계복음선교협회, www.watv.org를 참조하라.

109 신천지예수교 증거장막성전, www.shincheonji.kr를 참조하라.

대련, 천진, 심양 등지에서 조직적으로 활동하고 있는 신천지는, 북경과 상해에 천 수백 명의 중국인 신도들을 확보하고 있는 것으로 알려졌다. 공산국가에서 외국인의 포교활동은 어렵지만, 현지인들을 통한 포교는 허용되고 있기 때문에, 한국에서 신천지에 관계된 베트남 이주노동자 및 유학생들의 귀국 후 활동에 주목할 필요성이 제기되고 있다.

호찌민 한인교회 교인들의 주선으로 베트남 정부가 공식적으로 인정하고 있는 교단인 베트남복음주의교회(Evangelical Church of Vietnam) 남부총회 본부를 찾아 임원들을 만났는데, 이들 남부총회 임원들도 베트남에서 활동하는 한국이단들인 신천지, 하나님의교회, 구원파(IYF), 예수중심교회 등에 대해 경계하고 있었다.[110]

2019년 1월 다시 베트남 현장조사를 진행했다. 하노이에서 한·베트남친선협회 등의 한인사회 활동을 활발하게 하고 있는 이상모 씨는 베트남정부에 한국계 이단들에 대한 공신력 있는 정보를 제공하기 위해 한국 자료들을 베트남어로 번역했다고 전하면서, 베트남에는 신천지, 하나님의교회, 구원파 등의 활동이 활발하다고 설명했다.[111] 베트남복음주의교회 응

---

110 베트남복음주의교회 남부총회 임원들과의 인터뷰(2016.10.21.)

111 이상모 씨와의 인터뷰 (2019.1.31.)

엔 막(Nguyen Huu Mac) 총회장도 한국이단들의 부정적인 영향에 대해 민감하게 대응하고 있다고 밝혔다.[112]

셋째, 캄보디아의 한국이단들을 연구하기 위해 2016년 4월 18~23일과 2018년 1월 18~23일 등 두 차례 프놈펜(Pnom-penh)과 씨엠립(Siem Reap)을 방문했다.[113]

캄보디아는 불교도가 다수를 차지하는 불교국가이자 입헌군주국이다. 9세기 불교도인 크메르 왕이 앙코르와트를 수도로 하여 세운 제국으로, 당시에는 현재의 태국과 베트남 일부 지역까지 포함되어 있었다. 1864년부터 1940년까지는 프랑스가 통치했으며, 1975년부터 1978년까지는 킬링필드(Killing Field)로 알려진 급진 공산정권인 크메르 루주(Khmer Rouge, 1975~1979)의 통치로 고난을 겪고, 기독교인들도 잔혹한 박해를 경험했다. 1993년에 이르러서야 현재의 캄보디아왕국이 수립된다. 태국과 베트남 사이에서 험난했던 캄보디아 역사는, 중국과 일본 사이에서 다사다난한 역사를 이어온 한국과 유사한 점이 있다.

---

112 베트남복음주의교회 북부총회 총회장 응엔 막(Nguyen Huu Mac)과의 인터뷰(2019.1.30.). 베트남의 다신론적 배경은 한국 기독교계 신흥종교 운동들의 진출을 용이하게 하는 요소로 분석된다.

113 캄보디아 현지 방문조사를 마친 후, 「현대종교」(2016.6)에 게재한 "캄보디아의 한국이단들"이라는 제하의 글을 수정·보완했다.

1923년 기독교 선교가 시작한 이래, 다수의 한국 선교사들이 현재 활동하고 있다. 1953년 처음으로 크메르어 성경이 발간되어, 1954년 왕에게 진상되면서 종교의 자유를 얻게 되었다. 이후 여러 정권에 의한 기독교 박해가 진행되었지만, 기독교는 생명력을 가지고 꾸준히 성장해왔다. 주목할 만한 사실은 정부의 개방정책과 함께 한국교회의 선교도 활성화되었지만, 한국이단들의 침투 역시 못지않게 활발해지고 있다는 점이다.

캄보디아에는 다수의 한국교회 선교사들을 통한 선교도 활발하게 진행되는 한편, 통일교, 기쁜소식선교회, 생명의말씀선교회, 하나님의교회, 신천지 등의 이단들의 활동도 주요도시들인 프놈펜, 바탐방, 씨엠립 등지를 중심으로 광범위하게 이루어지고 있었다.

통일교는 고위 정치인들과의 접촉을 통해 캄보디아에서 활동영역을 확장해나가고 있다. 캄보디아 곳곳에서 "캄보디아 종교간 평화 축복 행사"(Interfaith Peace Blessing Ceremony in Cambodia) 즉 합동결혼식을 개최하고 있다. 그리고 사전 문화행사를 통해 캄보디아 문화단체와 불교 관계자 등을 초청해 관계를 형성한다. 또한 캄보디아 대학교들과 자매결연과 교류를 통해 통일교 포교활동을 하면서, 자전거로 국내를 탐방

하는 프로그램도 운영했다.[114]

또한 생명의말씀선교회와 기쁜소식선교회의 IYF 중심으로 포교가 진행되고 있다. 생명의말씀선교회는 곳곳에서 크고 작은 성경세미나를 지속적으로 진행하고 있으며, 기쁜소식선교회는 IYF가 주축이 되어 주요 대학 캠퍼스에서 문화행사, 영어캠프, 한국캠프, 월드캠프 등 수천 명의 청소년과 청년대학생들이 참석하는 대규모 행사를 매년 개최하고 있다.

신천지 외곽조직인 하늘문화세계평화광복(Heaven Culture World Peace Independence, HWPL)은 다양한 활동을 내세워 활동범위를 넓혀가고 있다. 캄보디아 사회단체와 사회지도자들에게 초청장을 보내 신천지 행사에 참여하도록 권하고 있다.

무엇보다도 하나님의교회 활동이 활발하다. 하나님의교회는 한국을 방문한 캄보디아 국가대표팀 서포터즈 활동을 통해 개인적인 관계성을 구축했으며, 이후 연락을 주고받고 캄보디아 방문을 하면서 포교활동을 진행하거나 교회를 설립한 것으로 보인다. 도시를 중심으로는 체계적인 교리교육을 진행하고, 외곽지역에서는 경제적 지원 등을 통해 관심을 얻어가는 방법을 사용한다. 2004년에 프놈펜에 교회를 세웠고, 2010년에는 씨엠립과 바탐방에 각각 교회를 설립했다. 열악

---

114 세계평화통일가정연합(통일교), www.ffwp.org를 참조하라.

한 캄보디아 상황을 고려한 봉사활동을 진행하면서, 물이 부족한 지역에 물 펌프를 기증하거나, 의료봉사를 실시하고, 거리 청소를 하는 등 주민들의 호감을 얻고 있다. 이러한 봉사활동 이후에는 정부기관의 표창을 수여받고, 이를 홍보에 적극 활용하고 있다. 하나님의교회가 국내외에서 활용하는 포교방식을 캄보디아에서도 그대로 적용하고 있다.

특히 하나님의교회 설립자이자 "하나님 아버지"로 신격화되는 안상홍의 주요저서들을 캄보디아어로 번역하거나, 홍보 동영상들을 캄보디아어로 제작하여 배포하는 등 교리 포교도 병행하여 진행하고 있다. 필자가 만난 프놈펜 새생명교회연합(New Life Fellowship of Churches)의 탕백홍(Taing Vek Huong) 목사는 킬링필드의 기적적인 생존자이자 영향력 있는 캄보디아 교회 지도자로, 한국의 이단 전문가 못지않게 하나님의교회 교리서들을 읽고 연구하여 적극적인 변증을 시도하고 있었다.[115]

탕백홍 목사는 필자와의 인터뷰를 통해, 현재 캄보디아에는 하나님의교회와 기쁜소식선교회의 활동이 활발하게 이루어지고 있으며, 이들에 대한 캄보디아교회의 경계심이 높다

---

115 캄보디아 프놈펜 새생명교회연합(New Life Fellowship of Churches) 탕백홍(Taing Vek Huong) 목사와의 인터뷰 (2016.4.19~20.)

고 답했다. 특히 IYF를 통한 기쁜소식선교회의 우회적 접근이 캄보디아 청년들에게 많은 영향을 미치고 있다고 염려하면서, 이들 두 단체들의 접근에 대응하기 위해 소속 교인들에 대한 교리교육을 강화하고 있다고 밝혔다. 탕 목사는 캄보디아의 종교자유 정책으로 인해 다양한 문제성 있는 이단들의 활동이 예상된다고 걱정하면서, 한국이단들에 대한 정보를 한국교회가 제공해주는 것은 물론이고, 대안 마련을 위해 협조해줄 것을 요청했다.[116]

한국과 인도차이나 국가들 간의 정치·경제·문화적 교류가 그 어느 때보다도 활발하게 진행되고 있다. 이러한 상황에서 한국교회뿐만 아니라 이단들의 인도차이나 진출도 광범위하게 이루어지고 있다. 인도차이나 현지에서의 이단들의 순기능과 역기능이 동시에 노출되고 있는 상황을 고려할 때, 향후 한국과 인도차이나 국가들과의 긍정적이고 미래지향적인 관계 형성을 위한 대안 마련이 필요한 상황이다.

국내외 연구조사 및 현지 인터뷰는 인도차이나반도 라오스, 베트남, 캄보디아에서 활동 중인 한국이단들의 현황과 문제점을 보여준다. 한류를 통한 한국의 긍정적인 이미지가 형성되고 있고, 특히 이주와 여행 등을 통해 인적 교류가 증가하

---

116 탕백홍 목사와의 이메일 인터뷰, vhtaing@gmail.com (2018.1.23.)

고 있는 상황에서, 이들 국가들과의 향후 지속가능한 외교적 신뢰 관계 구축을 고려하여, 한국 종교문화의 바람직한 해외 진출에 대한 실제적인 논의가 필요하다.

라오스, 베트남, 캄보디아는 종교의 자유를 법률로 정하고 있다. 하지만 만약 한국이단들의 적극적인 포교활동이 부정적인 영향을 끼치게 된다면, 한국과의 외교관계 및 한국교회의 선교 또한 어려움을 겪을 수 있다. 따라서 향후 인도차이나반도에서 활동하는 한국이단들의 긍정적 활동에 대해서는 예의주시하고, 부정적 활동에 대해서는 대안을 제시하는 지속적인 후속 연구 및 조치가 필요하다. 이를 위해 인도차이나반도에 진출하는 이단들에 대해, 한국과 인도차이나반도 정부, 학계, 교계가 필요에 따라 활용 및 공유할 수 있는 공신력 있는 연구자료의 생산과 제공이 요구되고 있다.

미국과 일본을 비롯한 세계 곳곳에 한인들이 진출해 있다. 그리고 한인교회는 한인동포사회의 중심적인 역할을 해오고 있다. 한인교회가 이단문제로 분열되면, 해외 한인사회도 같이 분열된다. 그런데 이미 많은 한국이단들이 해외 한인교회를 분열시키고 혼란을 야기하고 있다.

막강한 경제력을 앞세워 손쉽게 건물을 마련한 후, 본격적으로 포교활동을 벌이는 이단들이 교민사회 곳곳에 있고, 혹은 개별적으로 한인교회에 침투해 미혹하며 분열시키는 신천지와 같은 이단들도 있다. 각 대륙의 한인 집중 거주지역은, 한국이단들의 해외침투를 위한 교두보가 되고 있다. 미국의 LA와 뉴욕, 일본의 후쿠오카와 동경, 유럽의 베를린, 호주의 시드니와 브리즈번 등지의 한인교회들이 이단문제로 심각한 어려움을 겪고 있다.

한인교회의 경우, 효과적인 이단 예방교육이나 관련 자료의 확보가 국내처럼 수월하지 않다. 비록 인터넷을 통한 정보의 취득이 신속해지기는 했지만, 정보의 신뢰도를 장담할 수가 없어, 다양한 시행착오가 나타나기도 한다. **한인교회 목회자들을 위해, 관련 교단들은 공신력 있는 이단 정보를 신속하게 전달할 수 있는 네트워크를 구축할 필요가 있다.** 각 교단은 이단 관련 결의나 지침 그리고 예방 자료들을 해외 한인교회를 맡고 있는 교단 소속 목회자들에게 정기적으로 발송해 목회에 참조하도록 도와야 한다.

또한 교단 내 이단대책위원회와 해외선교부와 협력하여, 해외 한인교회에서 이단문제가 생겼을 경우에 참조할 수 있는, 쉽고 간단한 한국어와 현지어로 만들어진 가이드 매뉴얼을 제공할 수 있다면 더욱 좋을 것이다. 이는 교민 2세들의 이단 대처 교육을 위해서도 필요하고, 해당지역 기독교계에 한국이단의 위험성을 알리는 공신력 있는 자료로 사용될 수도 있다. 실제로 영어로 된 이단 대처 매뉴얼에 대한 필요성은 끊임없이 제기되고 있다.

한류에 편승한 한국이단들의 해외진출이 활발하다. 심지어 한국교회의 선교가 취약한, 아프리카, 남미, 중앙아시아 등 오지에도 한국이단들이 침투하고 있다. 그야말로 이단에 대처하지 않는 세계선교는 밑 빠진 독에 물을 붓는 것과 같은 상황이 되었다. 이단들은 경제력과 조직력을 앞세워 선교지를 효과적으로 공략하고 있다.

선교지에서 이단문제가 발생했을 경우, 지원체계의 부실로 인해, 선교사들은 고립감과 무력감을 쉽게 느낀다. 선교사들은 이단 대처의 필요성을 느끼면서도, 이단문제를 억지로 외면하는 경우가 있다. 만약 개입했을 경우에 생길 수 있는 소란이나 마음고생을 알고 있기 때문이다. 실제로 한국교회의 관할지역을 벗어난 이단들은, 공격적으로 선교사들에게 대응한다. 게다가 해당 국가 공무원들에 대해 적절한 로비를 해온 이단일 경우에는, 오히려 선교사들이 어려움을 겪기도 한다.

각 교단 해외선교본부는, 선교사들의 선발·파송·지원을 체계적으로 진행하려고 애쓰고 있다. **이제는 선교사 지원 사업 범위에, 이단문제 대처를 위한 가이드라인 제공과 같은, 교단 차원의 이단 대책이 마련되어야 한다.** 이것이 이단문제로 고심하는 교단 선교사들을 돕는 길이다. 복음을 전하는 선교만큼, 복음을 지키는 이단 대처도 선교지의 중요한 과제 중 하나다.

19. 유럽과 아프리카의 한국이단들

미국, 일본, 중국보다는 국가의 지리적 규모나 재외동포의 숫자는 적지만, 유럽 곳곳에는 한국이단들이 고르게 분포되어 있다. 재외동포가 진출해 있는 193개 나라들 중에서 상위 30개국에 독일(44,864명), 영국(40,770명), 프랑스(29,167명), 스웨덴(12,721명), 덴마크(9,581명), 네덜란드(8,601명), 노르웨이(7,667명) 등 7개국이 포함되어 있을 정도로 고르게 분포되어 있다.[117] 현재 독일의 베를린 등 지정학적 요충지인 독일 지역을 중심으로 한국이단들이 동서유럽으로 확산되고 있다.

유럽으로 진출한 한국이단들의 활동이 활발하다. 미국, 캐나다, 호주의 경우, 지리적 범위는 넓어도 단일 국가 내에서의 이단 정보교류 및 대처가 비교적 효율적이다. 그러나 유럽의 경우 다수의 국가들이 존재하는 까닭에 효과적인 정보교류와 대처가 쉽지 않다. 오히려 한국이단들은 효과적인 포교방법을 국가별로 벤치마킹하여 적용하는 등의 적극성을 보이고

117 대한민국 외교부, "재외동포 다수거주국가".

있다.

국제컬트연구학회(ICSA, International Cultic Studies Association) 연례학술대회가 프랑스 보르도(Bordeaux)에서 2017년 6월 말에 개최되었다. 국제컬트연구학회의 2017년도 학회는 미국을 중심으로, 전 세계를 돌며 연례 학술대회를 개최하는 한편, 각 지역별로 수시로 전문적인 모임을 갖고 있는 세계 최대 규모의 컬트 관련 학회다. 이 대회는 컬트 관련 연구자, 피해자, 가족, 목회자, 상담자 및 의사들이 함께 모여, 각 국가별 컬트 문제의 현황을 파악하고, 실제적인 대처 전략과 방향을 모색하는 자리다. 특히 본 회의 전 열리는 비공개 피해자 워크숍은 대단히 효과적인 모임으로 알려져 있다. 이곳에서 "유럽에서 활동하는 한국이단들"이라는 주제의 학술발표를 할 기회를 가졌다.[118]

'이단' 혹은 '사이비'에 익숙한 우리들에게 '컬트(cult)'라는 용어는 다소 생소하다. 하지만 미국, 일본, 유럽 등 대부분의 나라들에서는 '컬트'라는 용어를 일반적으로 사용한다. '이단'이라는 개념이 종교적·교리적 접근인 까닭에, '컬트'라는 사회적·윤리적 개념의 사용을 선호하는 것이다. 이로 인해 **외국에서 컬트로 분류되었을 경우에는, '부정적인 가치판단'이 내재**

118 탁지일, "유럽의 한국이단들", 「현대종교」 (2017.9)

되고, '사회적인 역기능'도 동반되는 것으로 이해할 수 있다.

국제컬트연구학회는 필자의 이단연구에 큰 영향을 준 인물들, 즉 영국정경대학(London School of Economics)의 아일리 바커 교수와 미국의 컬트 전문가 스티븐 하산도 관계하며 참여하고 있는 단체이기에 더욱 의미가 있었다. 금번 모임을 통해서 각국의 컬트 현황과 대처 노력을 배울 수 있었다. 필자도 유럽에서 활동 중인 한국 기독교계 이단들인 하나님의교회와 신천지에 대해 발표할 수 있는 기회를 가졌다.

유럽의 경우, 신천지는 8개국(독일, 영국, 오스트리아, 프랑스, 이탈리아, 네덜란드, 스페인, 체코)에서 활동하는 것으로 알려졌고, 독일의 신천지 신도는 1,000여 명에 이르고 있으며, 영국에는 100여 명의 신도들이 있는 것으로 알려졌다. 이들은 작은 이민교회들에 대한 소위 "산옮기기"(교회장악)도 시도하고 있는 것으로 알려지고 있다. 특히 독일은 신천지 최대 활동지역으로, 지정학적인 위치와 한국과의 활발한 교류 등으로 인해, 베를린과 프랑크푸르트를 중심으로 한국이단들의 거점이 되었다. 최근 영국에서는 현지 교회의 성경공부에도 파고들어 문제를 야기한 적이 있다. 또한 HWPL(하늘문화세계평화광복, Heavenly Culture, World Peace, Restoration of Light), IWPG(세계여성평화그룹, International Women's Peace Group), IPYG(국제청년평화그룹, International Peace Youth Group) 등의 위장 외곽조직으로 주류사회를 미혹하고 있다.

하나님의교회는 더 광범위하게 활동하는데, 현재 29개국(알바니아, 아르메니아, 벨라루즈, 불가리아, 크로아티아, 체코, 덴마크, 에스토니아, 핀란드, 프랑스, 독일, 그리스, 헝가리, 아일랜드, 이탈리아, 라트비아, 리투아니아, 네덜란드, 폴란드, 포르투갈, 루마니아, 러시아, 슬로바키아, 스페인, 세르비아, 스웨덴, 터키, 영국)에서 44개의 거점을 확보하고 있는 것으로 파악되고 있다. 신천지가 한국 교민들을 주요 포교대상으로 삼고 있는 반면, 하나님의교회는 주류사회를 파고들고 있다. 유럽 각 모임처의 신도 수는 많게는 수백 명에 이르는 곳도 있다. 이들은 한국과 마찬가지로 사회봉사활동이라는 긍정적 이미지를 만들며 사회로 파고들고 있다.

신천지와 하나님의교회는 물론이고, 통일교와 구원파의 활동도 오랜 기간 이어지고 있다. 통일교의 경우 1960년대 말부터 영국과 독일을 중심으로 포교활동이 시작되었고, 현재까지도 동서유럽을 막론하고 그 영향력을 이어가고 있다. 특히 정치인들에 대한 영향력은 여전한 것으로 알려지고 있는데, 독일에서는 주지사가 통일교 모임에서 연설을 하고, 영국에서는 국회의사당에서 모임을 갖도록 주선해준 것으로 알려져 있다.

현지 청소년과 청년대학생들에게 효과적으로 파고들고 있는 기쁜소식선교회(박옥수 구원파)의 활동이 20여 거점 교회들을 중심으로 진행되고 있다. 런던과 프라하 등 유럽전역을 돌며 월드캠프를 진행하고 있으며, 각 대학교에서 IYF를 중심으로 활동하고 있다. 생명의말씀선교회(이요한 구원파)도 성경세미나를 중심으로 유럽 11개국에서 활동하고 있다.

한국 기독교계 이단들의 해외진출이 활발한 것은 이미 널리 알려진 사실이다. 전 세계 곳곳에서 한국이단들의 미혹이 진행되고 있다. 최근에는 한국교회보다 더 월등한 조직력과 경제력을 갖추고, 현지 정치권과 언론과 문화 영역에서의 영향력을 확대해나가고 있다. 한국에서는 '이단'으로 분류된 단체들이지만, 해외에서는 사회봉사활동 등으로 위장한 양의 옷을 입고 합법적인 대규모 미혹 활동을 벌이고 있다.

아프리카도 예외는 아니다. 아프리카변증연구센터(African Center for Apologetics Research, ACFAR)는 아프리카 우간다에서 활동하는 신천지에 대한 주의를 촉구하는 공식 성명서를 발표했다. 「우간다 크리스천 뉴스」에 따르면, ACFAR은 신천지에 대한 성명서(2018.4.19.)에서, 신천지가 거짓말과 지능적인 포교 전략을 가지고 우간다 교회들 안에서 활동하고 있다고 경고했다. ACFAR은 신천지 설립자 이만희는 육체영생을 주장하며 스스로를 신격화하고 있는 이단이라고 소개하면서, 현재 호주, 오스트리아, 중국, 체코, 프랑스, 독일, 이탈리아, 일본,

네덜란드, 러시아, 남아프리카공화국, 스페인, 우간다, 미국 등지에서 활동하고 있다고 밝혔다. 또한 신천지의 명칭과 교리에 대해서 상세히 설명하면서, 온·오프라인상의 활동과 교회 내에서의 포교방식과 비성경적 교리에 대해 비판했다.[119]

국제적인 차원에서 이단 대처를 위한 공조가 그 어느 때보다 절실하다. '글로벌 이단 대처 네트워크'의 구축이 그 어느 때보다도 절실한 상황이다. 국제컬트학회에서 필자가 발표를 마친 후, 한국이단들로 인한 피해를 상담하는 전문가들의 질문과 고민을 들으며, 미안한 마음과 함께 이단 대처를 위한 한국교회의 선교적 차원에서의 사명도 다시 깨닫게 되었다.

20. 대양주의 한국이단들

대양주 호주(167,331명)와 뉴질랜드(38,114명)에도 재외동포의 진출과 정착이 활발하다.[120] 최근에는 신천지와 하나님의교회 관련 문제점들이 현지 동포사회뿐만 아니라 주류사회에도 드러나는 등 한국이단들에 대한 관심이 높아지고 있다.

---

119 탁지일, "아프리카 신천지 활동 경고", 「현대종교」 (2018.6)

120 대한민국 외교부, "재외동포 다수거주국가".

호주 주요 언론인 「더 오스트레일리안」(*The Australian*)은 2018년 초 신천지에 빠진 가족으로 인해 고통받고 있는 한 가정의 이야기를 보도했다.[121] 위장 성경공부를 통해 신천지에 자매를 빼앗긴, 메리(Marry)와 샐리(Sally)는 신천지의 문제점과 그들의 아픔을 호주사회에 알렸다.[122]

신천지는 현재 호주 시드니와 멜버른에서 그들의 영향력을 빠르게 확장해나가고 있으며, 기성교회들에서 교인들을 빼내오거나, 대학가 위장조직으로 신도들을 모으고 있고, 현재 멜버른에는 약 100여 명의 신천지 신도들이 있다고 밝혔다. 신천지 신도들은 곳곳을 다니며 소위 "열매"를 따기 위해 활동하고 있으며, 자신들의 자매 애니(Annie)도 건축학 전공을 포기하고 지금은 "추수활동"에 전념하고 있다고 안타까워했다.

2014년에 신천지에 미혹된 애니는, 이후 가족들에게 소홀해지기 시작했으며, 심지어는 할머니의 장례식이나 어머니의 생일에도 오지 않았다고 한다. 그리고 밤늦도록 신천지 신도들과 문자를 주고받았으며, 시도 때도 없이 이들과 계속 접촉했다고 이들 자매는 말했다.

---

121 Chris Johnston, "Brainwashed Annie, taken by the cult", *The Australian* (Feb. 24, 2018)

122 탁지일, "호주 멜버른 신천지 피해 망신", 「현대종교」(2018.4)

「더 오스트레일리안」은 이 단체가 (2020년 기준) 88세의 자칭 영생불사의 예수라고 주장하는 이만희에 의해 설립된 신천지 예수교 증거장막성전이며, 성경에 대한 비성경적 비유풀이로 사람들을 미혹하고 있고, 호주의 신천지 신도들은 교리공부와 시험을 수시로 치르면서, 대학 캠퍼스에 새벽 4시부터 포스터를 붙이러 다닌다고 전했다.

호주 멜버른의 이단 연구가인 라파엘 아론(Raphael Aron)은, 신천지로 인한 가족문제에 대해, "사이비종교는 가족들로부터 물리적이고 정신적으로 신도들을 분리시키는 데 집중하며, 젊은이들은 자신들의 가능성을 착취당하고 있다"고 지적한다.

한 제보자에 따르면, 현재 신천지는 멜버른의 왕립공과대학교(RMIT)와 호주가톨릭대학교(ACU)에서 활동하고 있으며, 심지어 멜버른시가 운영하는 다문화공간(Multicultural Hub)을 비롯한 여러 공공시설에서 그들의 교리교육과 포교를 진행하고 있다고 한다.

최근에는 멜버른시 켄싱턴에 신천지 교육장을 운영하고 있으며, 대부분이 아시아계 청년들인 신도들이 이곳에서 춤추며 노래도 한다고 전했다. 특히 신천지 위장조직인 하늘문화세계평화광복(HWPL)의 활동도 활발하지만, HWPL 멜버른 담당자는 자신들이 신천지와는 무관하다고 주장하고 있다고 의

문을 제기했다. 게다가 신천지가 호주의 대형교회들에 침투해 포교활동을 펼치고 있으며, 이들이 포교를 위해 멜버른의 공공시설을 이용하고 있다고 염려했다.

아내를 신천지에 빼앗긴 55세의 한 호주 남성은, 자신의 아내가 온라인 성경공부를 통해 신천지에 빠졌으며, "30년 동안 평범한 부부였던 가정이 신천지로 인해 파괴되었다. 아내는 하루에 16시간, 일주일에 7일을 집을 비운다. 사랑스러운 엄마이자 훌륭한 아내였던 부인이 이제는 나를 '악마'라고 부른다. 아내와 함께 살지만, 대화도 없으며, 때로는 누군가로부터 문자를 받고 새벽 3시에 나가기도 한다"고 고통스러워했다.

한편 「더 오스트레일리안」은 자신의 블로그를 통해 한국의 이단문제를 알리고 있는 피터 데일리(Peter Daley) 교수와의 인터뷰를 통해, 현재 한국에서 신천지와 JMS 문제의 심각성을 전하면서, 기독교가 성장하고 있는 중국과 불안정한 정치사회적 상황에 처한 한국이 사이비종교 성장의 배경이 되고 있다고 분석했다.

현재 호주에 학생 신분으로 입국한 한국인 신천지 신도들에 의해서 포교활동이 이루어지고 있는 것을 고려할 때, 한국 청년들에 대한 비자 발급을 엄격하게 해야 한다는 지적이 나오고 있다. 신천지 피해가 양국 관계뿐만 아니라, 평범한 한국 청년대학생들의 호주 입국에도 부정적인 영향을 미칠 수 있다는 염려가 제기되고 있어, 정부 차원의 관심과 개입이 필요한 시점이다.

호주 SBS TV는 2014년 호주 여성들을 미혹하는 JMS에 대해, "프로비던스의 내막: 강간범이 이끄는 한국의 밀교"(Inside Providence: The secretive Korean church led by a convicted rapist)라는 제목으로 보도했다.[123] 이 보도에서, 프로비던스는 호주의 대학가와 거리에서 여성들을 포교하기 위해 1997년에 설립된 JMS 단체이며, 그 설립자인 정명석은 강간죄 등으로 10년 징역을 선고받아 수감 중이라고 밝혔다. 무엇보다도 호주 여성들의 피해 사실에 대해 인터뷰했는데, 피해자들은 방송을 통해 정명석을 메시아로 믿었으며, 자신들을 정명석의 영적인 신부라고 믿었다고 폭로했다. JMS는 피해자들에게 성적인 의미가 담긴 목걸이를 착용하게 했으며, 또 감옥에 있는 그가 피해자들과 성적 내용을 포함한 편지까지 교류했던 것으로 알려져 충격을 줬다.

뉴질랜드에서도 JMS에 대한 폭로가 이어졌다. 「뉴질랜드 헤럴드」(*New Zealand Herald*)는 "강간범의 신부들을 찾는 종교단체의 표적이 된 뉴질랜드 여성들"(Kiwi women targeted by

---

123 "Inside Providence: The secretive Korean church led by a convicted rapist", 호주 SBS (2014.4.9.)

religious group hunting brides for convicted rapist)이라는 제하의 기사에서, 적어도 10여 명의 뉴질랜드 여성들이 JMS에 미혹되어 한국을 방문했다고 전하고, 탈퇴자들의 피해사례를 보도했다.[124]

또한 호주와 뉴질랜드에서의 하나님의교회 활동도 지속적으로 노출되고 있다. 뉴질랜드 대학가에서는 하나님의교회 소속 동아리인 엘로힘바이블아카데미(Elohim Bible cademy)와 봉사단체인 아세즈(ASEZ, Save the Earth from A to Z)로 인한 논란이 일고 있다고 「오타고 데일리 타임즈」(*Otago Daily Times*)가 2019년 8월 21일 보도했다.[125] 오타고대학교학생회(Otago University Students'Association)는 안상홍을 하나님으로 믿는 이단(cult)인 하나님의교회 신도들로 구성된 아세즈의 협력 요청을 거절했다고 설명하면서, 아세즈는 엘로힘바이블아카데미와 관련되어 있고, 이들의 공격적인 가가호호 방문포교활동과 잘못된 정보 전달로 인해 사람들이 고통받고 있다는 비판기사를 2017년 대학신문인 「크리틱 테 아로히」(*Critic Te Arohi*)가 보도한 바 있다고 밝혔다.

---

124 Lincoln Tan, "Kiwi women targeted by religious group hunting brides for convicted rapist", *New Zealand Herald* (May 20, 2017)

125 Elena McPhee, "Students approached by religious group", *Otago Daily Times* (Aug. 21, 2019)

5장

교회와 이단

이단문제는 언제 어디서든지 생길 수 있다. 또한 주님 다시 오실 때의 표징(마 24:3-5)이다. 남녀노소, 신앙연륜, 직분과 관계없이 누구에게든지 일어난다. 심지어는 신앙심이 깊은 이들에게도 다수 발생한다. 무엇보다도 중요한 점은 이단문제가 발생했을 때의 대처 자세다. 왜 나에게 이런 일이 생겼는지 괴로워하고 전전긍긍하기보다, 생길 수 있는 일이 생겼다는 전제하에 그 해결 방법을 모색하는 것이 신앙적 대처다.[126] **한국교회 이단문제의 가장 큰 피해자는 다음세대들이다. 이단들은 어김없이 다음세대를 노린다. 바로 이들이 한국교회의 미래이고 소망이기 때문이다. 청소년 시기로부터 수능, 대입, 입대에**

---

126 탁지일, "최신 이단 트렌드" 「국민일보」 (2019.6.25.)

이르는 한국교회 다음세대를 위한 교회교육 주기별 이단 대처 로드맵 마련이 시급하다.

21. 청소년과 이단

최근 주목받는 이단들은 어김없이 다음세대 포교에 성공적이다. 미국계 이단들인 모르몬교, 여호와의 증인, 안식교 등은 무료 영어교육을 매개로 효과적인 포교전략을 구사하고 있다. 한국이단의 뿌리인 통일교는 인기 연예인들이 출연하는 행사들을 내세운 포교전략을 사용하고 있고, 천부교(박태선의 전도관)는 초등학교 여학생들을 대상으로 선물 공세를 하며 미혹하고 있다. 그리고 기쁜소식선교회(구원파, IYF)와 기독교복음선교회(JMS)는 각종 문화행사 등을 통해 청소년과 청년대학생들을 미혹하고 있다. 신천지와 하나님의교회도 다음세대 포교에 초점을 맞추고 있다. 다음세대 없이는, 한국교회의 미래도 소망도 없다. 이단이 다음세대를 빼앗아가도록 방치할 수 없는 이유가 여기에 있다.

모르몬교는 국내 곳곳에 설치된 집회소들을 중심으로, 무료 영어교육을 매개로 청소년과 청년대학생들에게 접근하고 있다. 국내 신도 수는 대략 8만 5천여 명으로 알려져 있으며, 한국어가 유창한 19~21세의 모르몬교 선교사들이 두 명씩 짝지어 다니며 활발한 포교활동을 진행하고 있다. 무료 영어교육은 모르몬교의 주요한 포교 수단이다. 이단은 우리에게 필요한 것을 가지고 접근한다. 보암직하고 먹음직한 것을 가지고 다가와 유혹한다. 모르몬교의 무료 영어교육은 결코 무료가 아니다. 예수 그리스도의 은혜 말고, 세상에 무료는 없다. 조심이 안심인 이유는, **이단의 미혹에는 반드시 그 대가가 따르기 때문이다.**

위장으로 다가오는 신천지의 폐해는 더욱 크다. 공익광고협의회가 스미싱(전화와 인터넷 등을 악용한 거짓 사기 행위)을 막기 위해 사용하는 "의심되면 의심하세요! 의심이 안심입니다!"라는 홍보 문구가 신천지에 지친 우리의 눈을 계속해서 사로잡는다. 무조건적인 사랑을 실천해야 할 신앙인들에게 "서로 사랑하세요!"가 아니라 "이단 조심이 영적 안심"이라고 말해야 하는 현실이 안타깝지만, 신천지로부터 가정과 교회를 보호하기 위한 불가피한 선택이 되어 버렸다. 신천지를 비롯해 거짓으로 다가오는 이단들에게 대처하기 위한 지속적인 교회교육이 필요하다. 이단 예방교육은 반복이 최선이다.

JMS의 미혹도 청소년과 청년대학생에게 집중된다. JMS는 불안한 가정환경과 불안정한 학교생활로 인해 위기에 처한 청소년들에게 따뜻한 보살핌을 제공한다. 그리고 불확실한 앞날에 대해 고민하는 청년대학생들에게는 친밀한 관계 형성을 통해 고민을 완화시켜준다. 피하기 쉽지 않은 미혹이다. 그렇기에 일단 관계가 형성된 후에는, JMS의 정체와 문제점을 인지하게 되더라도, JMS에 대한 자신의 선택을 불가피한 것으로 합리화하게 된다. 청소년과 청년대학생들을 보호하기 위한 교회의 안전망 구축이 필요하다.

먼저 청소년들이 교회 밖 여가활동에 참여하게 될 경우, 해당 단체의 공신력과 건전성을 확인해야 한다. 신천지 및 JMS를 비롯한 이단들은 청소년들이 호기심을 느낄 만한 악기연주, 댄스, 노래, 연예기획 등을 매개로 다가오기 때문이다. 교외 봉사활동에 참여할 경우에도 주의가 필요하다. 차별화된 봉사활동으로 청소년들을 미혹한 후, 친밀한 관계 형성을 통해 지속적인 만남을 시도한다. 또한 대입 수시와 수능이 끝난 수험생들에 대한 관심이 필요하다. 성인으로 첫발을 내딛는 이들에게 이단들은 캠퍼스 안팎에서 양의 옷을 입고 다가온다. 대학 새내기 1년 동안 교회의 세밀한 영적 보호가 절실하다. 다음세대를 이단의 미혹으로부터 지켜낼 수 있는 가장 중요한 시간이다.

교회 안의 기성세대는, 다음세대의 이유 있는 주장을 옳고 그름의 잣대가 아니라, 순종과 불순종의 잣대로 받아들인다. 다음세대와의 소통이 점점 단절되어가는 이유다. 다음세대의 눈이 스마트폰만을 향해 있는 것처럼 보여도, 이들의 귀는 세상을 향해 열려 있다. 비록 다음세대가 우리와 눈을 맞추며 대화하지 않는 것처럼 보여도, 이들의 마음은 여론을 날카롭게 읽고 있다. 기성세대의 코드로 다음세대를 바라보는 데는 한계가 있다. 같은 세상에 살며 같은 언어를 쓰지만, 다른 가치관과 문화 속에 살고 있다. 다음세대는 이해나 신뢰의 대상이라기보다는, 무조건적인 사랑의 대상이다.

다음세대의 눈높이에 맞춘, 교단들의 이단 대책이 필요하다. 각 교단의 교육과 문화를 담당하는 전문 인력들이 참여한다면 충분히 가능하다. 전파되는 것이 그리스도이고, 복음의 본질이 훼손되지 않는다면, 파격적이고 창의적인 이단 대책이 다음세대를 위해 마련되어야 한다.

22. 수능과 이단

주일학교 교회교육 과정을 마치는 많은 청소년이 대학수학능력시험을 준비한다. 수능일이 다가올수록 이단들도 분주해진다. 최고의 사냥 시기가 돌아온 것이다. 수능이 끝나는 날부터 신입생 오리엔테이션까지의 시기는 이단 활동의 극성수기다. 이 시기에 가장 많은 이단 피해가 발생한다.

첫째, 연말 수능 시험이 끝나고 걱정과 불안감으로부터 자유로워지는 순간, 친근함으로 무장한 이단들이 거리 곳곳에서 미혹의 덫을 놓고 기다린다. 심지어는 이성을 이용해 접근한다. 친밀한 관계 형성은 이단 포교의 단골 아이템이다. 이단들은 친절과 관심이라는 가면을 쓰고 수험생들에게 다가온다. '조심'이 '안심'이다.

둘째, 수능시험 성적이 발표되면 수험생들 사이에서는 희비가 교차된다. 실망한 수험생들의 일탈이 나타나기도 하고, 기뻐하는 수험생들의 기쁨의 축제가 열리기도 한다. 거리에 나선 이들 수험생 주변에는 어김없이 이단들이 진을 치고 기다린다. 문화행사나 공연 등 각종 이벤트로 이들을 미혹한다. 결국 누군가는 미혹에 걸려든다. 교회의 대안적인 프로그램과 수험생을 지키기 위한 안전점검이 필요하다.

셋째, 대학별 수시모집 합격자가 발표되고 등록이 시작된다. 불합격과 합격의 갈림길, 가고 싶은 대학에 가지 못한 아쉬움과 가고 싶었던 대학에 들어갔다는 뿌듯함이 교차하는 시기에도 이단들의 미혹은 멈추지 않는다. 실망한 수험생들에게는 '위로'를 내세워 '모략'으로 접근한다. 재수학원이 몰려 있는 학원가에서 이단들의 미혹이 시작된다. 마음의 허무함은 위로받고 싶은 대상을 찾게 만들고, 이단들은 최적화된 위로와 미혹의 기술을 동원해 다가온다. 지친 수험생을 위한 가족들의 따뜻한 격려와 위로가 필요한 시간이다.

넷째, 정시모집 원서접수와 전형기간이다. 정시를 준비하는 수험생들은 입시전략을 짜느라 분주하지만, 수시 합격자들은 상대적으로 시간적 여유가 있다. 이단들은 SNS와 거리 포스터 등을 통해 예비 대학생들의 관심을 유발하며 다가와 먹음직스러운 미끼를 던진다. 오랜 기간 성과가 좋았던 미혹의 기술을 총동원해 수험생들에게 다가간다. 수험생들은 이단들에 대해 잘 모르지만, 이단은 수험생들의 심리와 행동을 꿰뚫고 있다. 교회의 이단 분별 교육이 필요한 시점이다. 가족들은 수험생들의 영적 건강을 조심스럽게 (지나친 간섭이나 참견이라고 느끼지 않도록) 확인해야 한다.

다섯째, 정시 합격자 발표와 등록으로 대학입시가 거의 마무리되어가는 시점이다. 재도전을 준비하는 수험생도 있고, 대학 새내기 생활을 부푼 마음으로 준비하는 예비 대학생들의 윤곽이 드러난다. 이때 새내기들을 미혹하기 위한 캠퍼스 이단들의 손길도 분주해진다. 이단들은 캠퍼스 곳곳에 자기계발, 문화행사, 대학생활 관련 포스터들을 부착하기 시작한다. 관심이 가는 내용이 있더라도, 무작정 참여하기보다는 적어도 누가 왜 부착했는지는 알아보도록 교육해야 한다. 이단 예방교육은 반복이 최고다.

여섯째, 새 학기의 시작과 함께, 캠퍼스가 아직 낯설고 친구도 없는 대학 새내기들에게 이단은 양의 옷을 입고 우는 사자처럼 달려든다. 이단 동아리들은 정체를 감추고 신입생들을 미혹한다. 신입생 오리엔테이션에서 학과 선배의 모습으로 나타난 이단들은 적절한 먹잇감을 노리고, 개강을 전후해 열리는 각종 동창회나 향우회에서 새내기를 노린다. 학교나 고향 선배로 위장한 이단들에게 어리숙한 새내기들은 쉽게 무장해제당한다. 물론 학기 초 도서관이나 식당 혹은 벤치에 홀로 남겨진 새내기들은 무방비로 이단들의 미혹에 노출된다. 캠퍼스 이단 대처의 가장 중요한 변곡점이다.

매년 수능시험과 함께 이단 미혹의 성수기가 시작된다. 위장 포교를 진행하는 캠퍼스 이단들도 서서히 모습을 드러낸다. 가정에서는 수능시험일로부터 개강 이후까지 내 자식, 내 손주, 내 형제자매를 지키기 위한 안전점검을 시작해야 한다. 교회의 졸업예배는 고등부 교회교육의 '끝'이 아니라, 새벽이슬 같은 주의 청년들을 지켜내기 위한 거룩한 싸움의 '시작'이다.[127]

---

127 탁지일, "수능 이후 이단 대처 로드맵", 「국민일보」 (2019.11.12.)

23. 대학과 이단

대학가에서 활동하는 이단들의 상술은 탁월하다. 하자 있는 상품을 거침없이 판매한다. 진짜인 듯 진짜 아닌, 진짜 같은 가짜 교리를 가지고, 때와 장소를 가리지 않고 청년대학생을 미혹한다. 이해할 수 없는 점은 유사품을 판매하는데도 불구하고 판매율이 높다는 것이다. 심지어 이단들은 유통기한이 한참 지난 불량제품을 판매한다. 먹거나 사용하면 문제가 생기는 불량품이지만 선호도가 제법 높은 편이다.

대학가 이단들의 움직임이 위험수위를 넘었다. 2018년 2월 18일 JMS 정명석이 10년 수감생활을 마치고 전자발찌를 차고 출소한 후, 대학가 JMS 위장동아리들이 적극적인 포교활동에 나서고 있다. 외모가 뛰어난 여대생들에게 접근하고 있다는 제보가 이어지고 있다. 정명석이 성범죄 혐의로 수감생활을 했지만, JMS 신도들은 자신들의 주님이 감방에서 부당하게 고난받았다고 믿고 있다.

신천지의 위장활동도 대학가 주변에서 교묘하게 진행되고 있다. 수능이 끝난 후나 대학 예비소집과 오리엔테이션을 통해 미혹이 조직적으로 이루어진다. 학교선배를 자처하며 대학 새내기들에게 접근해 관계를 형성한 후, 신천지 교리교육을 진행하는 사례가 비일비재하다. 대학가에는 독서모임, 카

페행사, 악기레슨, 문화행사 등을 내세운 정체불명의 신천지 홍보물이 즐비하고, 심지어는 학교 주변 서점은 물론이고, 교내 화장실에 이르기까지 신천지의 소위 '모략' 포교의 덫이 설치되어 있다. 정체를 감추고 공식적인 동아리의 모습으로 가면을 쓴 신천지가 교내에서 버젓이 미혹 활동을 펼치기도 한다. 최근에는 청년대학생들뿐만 아니라 중고등학생들을 상대로 이성을 이용한다는 제보도 이어지고 있다.

국내 최대 이단조직인 하나님의교회의 활동도 주목할 만하다. 캠퍼스 내의 활동보다는, 30~40대 청장년들이 대학가 주변을 맴돌며 적극적인 포교활동을 펼치고 있다. 등하교하는 학생들에게 태블릿PC 등으로 소위 아버지 하나님 안상홍과 어머니 하나님 장길자를 노골적으로 선전하며 집요하게 접근한다. 거리 설문조사와 가가호호 방문을 통해 포섭된 대학청년들이 학업과 직업을 포기하고, 가정을 이탈하면서까지 포교활동에 전념하고 있어, 이들로 인해 가정과 사회 갈등이 야기되고 있다.

대학가에서 가장 영향력 있는 이단단체인 박옥수 구원파의 국제청소년연합(IYF)의 활동도 주목해야 한다. 전국 대부분의 대학에서 활동하고 있는 IYF는, 종교활동보다는 문화활동을 내세워 포교를 진행하고 있다. 영어 말하기대회를 개최하거나, 해외봉사단이나 언어연수를 내세워 학생들을 모집하고,

그라시아스합창단 공연에 초대해 관계를 형성하기도 한다. 대학에 입학하는 새내기 기독청년들은 건전한 기독동아리를 만나기보다, 구원파 IYF 홍보포스터와 그들의 접근을 먼저 경험할 수 있어 주의가 요구된다.

첫째, 대학 입학을 준비하는 대학 신입생들을 대상으로 대학가 이단 예방교육이 반드시 제공되어야 한다. 초중고 12년 동안 교회교육을 시켰으나 대학 새내기 단 1년 만에 이단에 빼앗기는 일이 속출하고 있다. 고등부 졸업 후 최소한 1년 동안의 지속적인 영적 심방이 필요하다. 누구를 만나고 무엇을 하는지에 대한 정기적인 신앙 점검만으로도 우리 교회의 미래이자 소망인 기독 청년들을 정결하게 보호할 수 있다. 무엇보다 낯설고 어색한 대학 신입생 시기인 1년 동안 이루어지는 교회와 가정의 관심이 우리 기독 청년들을 이단의 미혹으로부터 지켜낼 수 있다.

둘째, 구원파의 성경세미나가 곳곳에서 개최되고 있다. 안으로는 신도들의 결속과 통제를 목적으로, 밖으로는 교세 확장과 가시적 노출을 목적으로 성경세미나를 개최한다. 구원파에 대한 충분한 사전 이해가 부족할 경우, 성경세미나라는 이름만 보고 구원파 집회에 참석하는 사례가 있다. 이단의 미혹은 교회 중심의 신앙생활로부터 벗어날 때 시작된다. 교회 외부의 신앙 집회에 참석할 때는 반드시 목회자에게 해당 집회의 건전성 여부를 확인해야 한다. 신앙에 도움이 되는 모임이라면 목회자의 인지와 격려를 통해 당당하게 참석해야 한다. 건전한 신앙은 복음을 부끄러워하지 않는다. 쉬쉬하며 감추고 남의 눈치를 보며 참석해야 할 신앙 집회라면 애당초 참석할 이유가 없다. 돌다리도 두들겨보고 건너야 한다. 신앙의 터전인 교회 밖에서 개최되는 성경공부 모임이나 집회에 대해서는 반드시 확인 과정을 거쳐야 한다.

셋째, IYF는 해외 곳곳에도 거점을 확보해, 국내 학생들을 어학연수나 해외봉사라는 명목으로 해외로 데리고 가거나, 월드캠프라는 행사를 매년 부산 해운대에서 유치해 외국학생들을 데리고 온다. 자신의 스펙에 차별성을 확보하고자 하는 청년대학생들에게는 피하기 힘든 유혹이다. 해외봉사활동의 부작용이 노출되면서, 청년대학생들의 좌절과 아픔을 더욱 깊게 만들기도 한다.

대학 캠퍼스는 모든 이단들의 집합소가 되었다. 특히 신입생들은 이단들의 미혹에 가장 취약한 모습을 보여준다. 캠퍼스 이단으로부터 청년대학생들을 지키기 위해, 교회는 고등부 졸업 이후 적어도 1년 동안은 관심을 갖고 돌봐야 한다. 이를 통해, 이단들과 관련된 동아리 활동, 성경공부, 사회봉사 등에 미혹되는 것을 막을 수 있다.

대학가 이단들은 청년대학생들의 눈높이에 맞춰 미혹을 시도한다. '위기의 시대'를 살아가는 청년들에게 일자리를 미끼로 유혹하고, '정보의 시대'를 살아가는 청년들에게는 최신 문화코드로 다가가 이단 교리를 주입하며, '소외의 시대'를 살아가는 청년들에게는 친밀한 관계 형성을 통해 이단의 올무를 씌운다. 그리고 결국은 꿈을 빼앗고, 편향적인 사고를 심어주며, 종속적인 관계를 형성해 소중한 인생과 가정을 파괴한다.

청년은 한국교회의 미래이고 소망이다. 청년들의 이유 있는 주장과 고민을, '옳고 그름'이 아니라, '순종과 불순종'의 잣대로 바라보는 한, 이들의 교회 이탈을 막을 수 없다. 미래 교회의 주인인 청년들이 존중받을 때, 우리는 이단의 도전에 효과적으로 응전할 수 있다.

24. 군대, 여성, 장애인과 이단

두 아들을 군대 보내던 날의 기억이 생생하다. 대한민국의 많은 부모가 겪는 애틋한 기억일 것이다. 그래서인지 군부대에 이단 강의를 갈 때면, 늘 내 자식들을 보는 느낌이다. 큰 아들이 있었던 훈련소에 이단 강의를 갈 기회가 있었는데, 모든 훈련병들이 아들처럼 사랑스럽고 대견했다. 부모의 마음은 다 똑같다. 누군가의 소중한 자녀들인 이들이 건강하게 제대했으면 하는 마음, 좋은 선후임을 만나 큰 어려움을 겪지 않고 평안하게 하루하루를 보냈으면 하는 마음, 고립감으로 인해 일탈하지 않고 신앙으로 잘 이겨냈으면 하는 마음, 사회와 가족으로부터의 고립이 아니라 더 큰 도약을 위한 기회로 받아들였으면 하는 마음이다.

우리의 사랑스런 자녀들이 있는 군부대가 이단포교의 사각지대가 되고 있다. 종교의 자유라는 미명하에 이단들의 군부대 침투가 활발하게 이루어지고 있다. 병역을 거부하는 여호와의 증인과 토요일 안식일을 주장하는 안식교는 이미 합법적으로 군복무에 영향력을 행사하고 있고, 신천지와 하나님의교회 등 주요 이단들도 군부대 내에서 거침없는 포교를 시도하고 있다. 종교에 대해 관용적인 사회적 분위기로 인해, 기독 장교들조차도 이단에 대처하기 어려운 상황이 되었다.

무엇보다 최근 장병들의 휴대폰 사용이 허용되면서 상황은 더욱 악화되고 있다. 사이버 공간을 통한 소통과 정보 습득이 가능해진 지금의 군 생활은 시공간을 초월한 이단들의 포교와 신도 통제가 이루어지는 곳이 되어버렸다. 일과 후와 주말에 휴대폰을 자유롭게 사용할 수 있게 된 장병들이 인터넷을 마음껏 사용하고 있고, 이단들은 자기계발과 상담 등을 매개로 곳곳에 미혹의 덫을 놓고 장병들의 방문을 기다리고 있다.

신천지는 인터넷 방송인 '진리의 전당'과 공식 팟캐스트인

'하늘팟'을 사용하고, 스스로를 '에스(S)'라고 부르며 '에스라인', '에스카드', '에스나비' 등의 모바일 앱들을 사용한다. 특히 '하늘팟'은 신천지 신도들에 대한 교육, 신천지 비판에 대한 대응 그리고 신도들에 대한 통제를 위해 효과적으로 사용되고 있다. 군부대에 있는 신천지 신도들은 시간과 장소에 구애받지 않고 신천지와 소통하고, 소위 피드백(지시)을 수시로 받을 수 있게 되었다. 또한 군인교회에 출석하는 신천지 신도들은 그 동향을 수시로 신천지에 보고할 수 있게 되었다.

최근 「현대종교」 취재에 따르면, 신천지 신도들끼리 단톡방을 만들어 군부대 내에서도 조직적인 모략 포교를 진행하고 있어 그 위험성도 예상된다고 한다.[128] 또한 JMS 신도들, 특히 2세들의 경우 휴대폰을 통해 정명석의 설교를 전달받는 방법으로 교리교육과 관리가 이루어지고 있고, 이단 신도들은 휴대폰을 통해 외부와 소통하고 있다. 하나님의교회 신도들은 자신의 소속을 노골적으로 드러내면서, 종교의 자유를 주장하는 한편 공격적인 교리 논쟁을 야기하기도 한다.

군부대 이단들의 포교 및 신도 관리와 통제가 빠르게 업그레이드되고 있다. 휴대폰의 영내 사용은 군생활의 편리함뿐만 아니라, 이단들의 미혹에도 취약할 수 있는 조건을 만들었

---

128 김정수, "이단들의 스마트한 군인 포교와 관리", 「현대종교」 (2019.10)

다. 장병들의 정보 습득과 소통의 필요라는 사회적 분위기를 거부하기 어려운 상황에서, 교회 차원의 대안 마련이 시급하다. 지역교회의 적극적인 예배 지원과 관심이 필요한 장병들에 대한 돌봄이 제공되어야 한다. 군부대 외출외박의 확대와 휴대폰 사용이 자유로운 오늘, 한국교회 군선교는 '이단 미혹의 위기'와 '복음전도의 기회'를 동시에 맞고 있다.[129]

이와 함께 이단문제의 사각지대에 위치하고 있는 교회여성과 장애인에게도 각별한 관심이 필요하다. 특히 이단들의 미혹과 그 피해가 교회여성들에게 집중되는 양상이다. 우리의 어머니, 아내, 딸, 누이가 이단들의 미혹에 심각하게 노출되어 있다. 최근에는 주요 이단들의 후계자들이 대부분 여성이 되면서, 여성적 감성을 이용한 이단들의 포교전략마저 등장하고 있다.

가부장적이고 권위적인 가정과 교회에서 지쳐버린 여성들이, 자포자기의 심정으로 이단들의 문턱을 넘나들고 있다. 며느리, 딸, 아내, 엄마로서의 삶이 힘들어 주저앉고 싶을 때, 이해와 보살핌의 손을 내미는 이단들의 유혹에 쉽게 등을 기대게 된다.

---

129 탁지일, "군부대에 침투하는 이단들", 「국민일보」 (2019.9.17.)

교회 안에서 여성의 헌신이 오늘날 한국교회를 있게 했고, 한국교회가 이 땅에 뿌리내릴 수 있는 신앙적 힘을 제공했다. 전국 곳곳에서 복음화를 위해 자신을 기꺼이 주님께 바친 전도부인들의 희생 위에 한국교회가 세워졌다. 새벽부터 교회를 쓸고 닦으며, 축도가 끝나기도 전에 부엌으로 달려가 교우들의 식사를 준비하는 여성들의 애틋한 마음 씀씀이가 있었기 때문에, 따뜻하고 포근한 신앙공동체가 유지되어 왔다. 그리고 새벽부터 늦은 밤까지 무릎으로 기도하는 영적 어머니들이 있기에, 교회의 복음전도, 지역봉사, 성도의 교제가 가능했다.

각 교단의 여전도회전국연합회를 중심으로, 개교회 여전도회가 이해하고 실천할 수 있는, 교회 안의 여성을 위한 맞춤형 이단 대책 계발이 필요하다. 가정은 교단의 이단 대책이 최대 효과를 얻을 수 있는 최소 단위조직이다. 교회여성을 위한 교단의 이단 대책이 시급하다. 이를 위해 교단의 이단 대책위원회 구성에 있어서 목사와 장로뿐만이 아니라, 교회 구성원의 다양성과 대표성을 고려해, 여성, 청년, 장애인 등이 참여할 수 있는 방안이 강구되어야 한다.

장애인들은 이단문제의 또 다른 사각지대에 위치하고 있다. 장애인들을 위한 교단의 이단 대책은 거의 전무하다. 반면

장애인들을 대상으로 한 이단들의 활동은 활발하다. 모르몬교는 영어수화를 전문적으로 가르치고, 여호와의 증인은 한국교회 전체의 10배 정도에 이르는 수화 통역자들을 보유하고 있다. 신천지를 비롯한 각종 이단들은, 시각장애인 인터넷 사이트에 음성 변환이 가능한 각종 교리교육용 파일들을 올려놓는 등 곳곳에 미혹의 덫을 설치하고 있다.

교회 내 장애인 사역을 특수교육의 한 부분 정도로만 이해하는 것을 넘어, 장애인들을 위한 적극적인 이단 예방교육을 실시해야 한다. 그렇지 않을 경우, 장애인들은 이단문제의 사각지대에 머물 수밖에 없다. 각 교단은 장애인에 대한 이단 교육용 교재를 개발하고, 개 교회의 장애인 담당부서를 통해서 배포하고 교육해야 한다. 교회와 사회에서 나타나는 장애인에 대한 차별이, 교회의 이단 대처 영역에서의 차별로 나타나서는 안 된다.

각 교단별 장애인 모임이 정기적으로 개최되고 있다. 교단의 이단 전문가들이 관심을 갖고 참여한다면, 장애인을 위한 효과적인 이단 예방교육이 이루어질 수 있다. 장애에도 불구하고 용기 있게 살아가는 장애인들이, 이단으로 인한 영적 장애로 고통받지 않도록, 교단 차원의 배려와 대책이 절실하다.

25. 인터넷과 이단

온라인 이단(Online Heresy)이라는 개념을 최근 발간된 외국 논문을 통해 접했다. 교주를 중심으로 일정 근거지에서 세력을 형성하면서 포교활동을 진행하던 고전적인 이단 유형으로부터 최근에는 사이버 공간을 이용해 세력 확장과 포교를 시도하거나, 아예 소규모 조직의 형태로 온라인으로만 활동하는 이단들이 우후죽순처럼 생겨나고 있다.

인터넷은 현대 이단들의 선전과 포교 공간으로 활용되고 있다. 속은 노략질하는 이리이지만, 온라인에서는 양의 옷을 입고 활동한다. 인터넷을 통해 이단의 정체를 알기란 쉽지 않다. 세련된 디자인과 그럴듯한 내용으로 미혹의 덫을 놓고 걸려드는 순간을 기다리기 때문이다. 온라인 공간은 시간과 장소를 초월해 국내외에서 실시간으로 미혹할 수 있다.

특히 인터넷을 통한 미혹은 유튜브 동영상 활용으로 이어진다. 완성도가 높은 포교 동영상을 게시해 종교적 혹은 문화적으로 갈급함이 있는 이들을 미혹한다. 다양한 검색어를 통해 노출되도록 만들어놓는다. 15초의 텔레비전 상업광고가 상품판매에 엄청난 영향을 끼치는 것처럼, 이단들의 동영상은 짧은 시간 내에 미혹의 씨앗을 심어놓기에 충분한 역할을 하고 있다.

또한 이러한 온라인 동영상은 기존 이단 신도들의 재교육과 통제를 위해 적절하게 사용된다. 다수의 대면 접촉을 통해 교리교육을 진행하지 않아도 언제 어디서나 신도들의 세뇌강화와 통제를 할 수 있는 교육수단이 되었다. 최근 주목받는 신천지와 하나님의교회 동영상 포교는 그 양적인 면에서 헤아릴 수 없으며, 특히 중국의 전능신교(동방번개)의 동영상은 유튜브에 가득 차 있다.

온라인 이단들은 이러한 인터넷을 이용한 포교와 통제뿐만 아니라, 카톡이나 밴드 등을 효과적으로 활용한다. 신천지는 피드백이라는 통제기술을 활용한다. 소위 신천지 신도의 멘토는 카톡이나 문자 등을 통해 일거수일투족을 감시하고 지도한다. 신도들에게는 옳고 그름의 상식적이고 합리적인 판단기능은 마비되고, 오로지 순종과 불순종의 잣대만이 남게 된다. 이들에게 피드백은 거부할 수 없는 지시사항이 되어, 가족들과 주변사회가 이해할 수 없는 비상식적인 언행으로 나타난다.

온라인 이단들의 최대 피해자는 청소년과 청년대학생들이다. 이들의 온라인 의존도가 높은 것을 고려하면, 온라인 이단들로 인한 악영향도 가장 많이 나타난다. 아침부터 잠들기 전까지 '현실의 세상'보다 '가상의 공간'에서 더 살아가기를 원하는 이들의 생활패턴은, 온라인 이단들의 생성과 발전과 깊은 연관이 있다. 쉴 새 없이 가상의 공간을 헤엄쳐(surfing) 다니는 청소년들과 청년대학생들에게 온라인 이단들은 최상의 문화코드(culture code)로 다가와 미혹의 쉼터를 제공한다. 대부분의 이단은 스마트폰 앱(app)을 제작해 직접적인 통제와 마인드컨트롤(생각개조)을 시도하고 있다. 이단 대처의 '사각지대死角地帶'가 생겨나고 있는 것이다.

온라인 이단들에 대한 정보 제공이 시급하다. 청소년과 청년대학생 사역자들은 온라인 이단들에 대한 정보를 파악해 교육할 필요가 있다. 특히 온라인 이단들은 건전한 단체들의 이름과 유사한 단체명과 스마트폰 앱을 통해 다가오기 때문에 식별이 어려운 경향이 많다. 온라인 이단들이 포교와 통제의 기술이 날로 업그레이드되고 있다. **신종 이단들에게 대처하기 위한 온라인 이단 대처의 필요성이 제기된다.** 문자에 익숙한 기성세대가 온라인 이단의 확산을 안이하게 바라보는 순간에도, 우리의 다음세대가 온라인 이단들 속으로 빠져들고 있다.

이렇듯 인터넷과 핸드폰의 사용이 보편화되면서, 대면 접촉을 통해 미혹하던 기존의 이단포교 방식이 두드러지게 변화하고 있다. 사이버 공간을 통한 포교, 교육, 통제가 나타나고 있는 것이다.

이들과 관련된 문제가 발생하게 되면, 관련 정보에 기초한 맞춤형 피해 지원이 어렵다. 신천지, 하나님의교회, 구원파,

JMS 등과 관련된 문제일 경우, 상담 전문기관 혹은 상담자를 접촉할 수 있는 가능성이 열려 있지만, 사각지대에 위치하는 군소단체들로 인한 피해의 경우에는 대응과 예후 모두 긍정적이지 않다.

그렇다고 규모가 작고, 영향력도 미미한 단체에 대해 거대 교단이 나서 이단 여부를 판단하는 연구를 진행하거나, 전문 신학자들이 교리적 차원에서의 이단성을 연구하는 것도 효율적이지 않다. 교리적인 형태조차 갖추지 않은 비상식적인 주장들에 대해, 다수의 신학 교수들이 머리를 맞대고 진지한 신학적인 분석과 평가를 한다는 것도 적절하지 않다.

다만 이단 예방과 대처에 있어서 사각지대가 존재하도록 방치해서는 안 된다. 소위 대규모 주요 이단들에게 관심이 집중되는 동안, 몸을 감추고 하나님의 백성을 미혹하는 소규모 이단들이 서식하는 사각지대를 줄여 나가야 한다.

직통계시와 지도자의 영적 권위를 강조하는 신사도운동 계통 단체들의 활동이 국내외에서 이루어지고 있다. 적게는 수 명에서 크게는 수천 명에 이르는 다양한 규모로 활동하고 있어, 교회의 효과적인 대처가 쉽지는 않다. 심지어는 목회자가 인지하지 못한 채 교회 안에서 진행되는 개별적인 활동들까지 포함한다면, 한국교회의 이단 경계 레이더에 잡히지 않는 사각지대가 폭넓게 존재하고 있음을 인지해야 한다.

신천지, 하나님의교회, 구원파, JMS 등 소위 주요 이단들에 비해, 상대적으로 규모가 작은 이단들이 있다. 정보의 부재와 동향 파악의 어려움으로 인해, 이들로 인한 문제가 발생하면 그 해결이 쉽지 않다.

수년 전 자칭 재림예수라고 주장하는 심모 여인으로부터 편지를 받았다. 손글씨로 작성된 편지에서 심 씨는 자신이 재림예수이며, 종말이 임박했고, 자신을 믿어야 구원 받는다고 주장했다. 이 단체의 규모는 미미했다. 재림예수라고 주장하는 심 씨에게 단 두 명의 신도가 있을 뿐이었다. 하지만 비록 다수의 눈에는 비상식적인 주장으로만 보일지 모르지만, 분명한 점은 이런 허황된 주장에 미혹되는 피해자가 발생한다는 사실이다. 만약 심 씨 자신이 스스로를 세상에 노출하지 않았다면, 이 단체는 영원히 한국교회 이단 대처의 사각지대에 존재했었을 것이다.

무엇보다도 이단들의 인터넷 및 SNS 활동은 이단포교와 선전을 위한 최적의 조건을 제공하고 있다. 앞서 언급했듯이 최근 이단들의 두드러진 특징들 중 하나는 친사회적인 봉사활동이다. 교회에 대해 비판적인 사회적 시각이 늘어날수록, 이단들은 양의 옷을 입고 동분서주한다. 마치 자신들이 기성교회의 대안인 것처럼 선전에도 열을 올린다. 이를 위해 '오른손이 하는 것을 왼손이 알게' 한다.

의아한 점은 교회의 선행과 순기능에 지면을 할애하는 데 인색한 언론들이 이단들의 봉사활동은 다수의 지면을 할애해 적극적이고 경쟁적으로 보도하는 일이다. 주요 언론들뿐만 아니라 지방 언론과 인터넷 언론들에는 하나님의교회, 신천지, 구원파, 전능신교 등 최근 주목을 받는 이단단체들에 대한 기획보도들이 동시다발적으로 게재되고 있다.

광고인지 보도인지 모를 형식을 갖추고 노골적인 홍보매체로 전락해버린 언론들을 이해하기가 어려웠는데, 얼마 전 언론 보도를 통해 그 이유를 짐작할 수 있었다. 즉 거액의 대가를 받고 게재하는 홍보성 기사라는 것이다. 적어도 공익을 추구하는 언론이라면, 사회적 논란의 중심에 서 있는 이단단체들에 대한 홍보성 보도는 자제했어야 한다.

이단들은 이러한 보도 내용을 포교와 홍보에 적극 활용하고 있다. 조심스러운 점은, 사회적 논란이 되는 단체에 대한 주요 언론들의 홍보성 기사가 게재되면 누군가는 경계심을 풀고 이단단체에 관심을 가질 수 있다는 사실이다. 또한 이단들은 이러한 기사들을 십분 홍보에 활용하면서 자신들의 치부를 가리는 면죄부처럼 사용할 수 있다.

언론의 자유는 침해당할 수 없다. 하지만 동시에 언론도 국민의 올바른 알 권리를 침해할 수 없다. 일부 언론들의 실리에 대한 집착이 이단 피해를 확산시키고 있다.[130] 온라인 이단들에게 대처할 수 있는 창의적이고 완성도 높은 콘텐츠의 개발과 활용이 요구된다.

---

130 탁지일, "오른손이 하는 일을 왼손이 알게 하라?", 「한국기독신문」 (2019.8.12.)

6장

예방과 대처

이단은 파괴본능을 가지고 있다. 교회는 사람과 세상을 세우지만, 이단은 가정과 교회를 무너뜨린다. 이러한 파괴본능을 숨기기 위해 이단들은 거짓으로 위장한다. 거짓말을 합리화해 사랑하는 사람들에게 깊은 상처를 주고, 양의 옷을 입고 활보하며 교회 안에 불신과 분열을 조장한다. 아이러니컬하게도 최근 이단들의 특징은 사회봉사활동이다. 테르툴리아누스(이하 터툴리안)는 이러한 이단의 본질에 대해 "이단들은 무너진 건물을 세우는 일보다 서 있는 집들을 무너뜨리는 일을 더 쉽게 한다. 이를 위해 이단들이 겸손하고, 예의바른 것처럼 행동한다"라고 경고한다.[131]

---

131 "Prescription against Heretics", *The Fathers of the Church*, 제42장. www.

26. 왜 이단 피해가 발생하는가

이단에게 누구든지 미혹될 수 있다. 부끄럽거나 창피하거나 죄스러운 일이 아니다. 일어날 수 있는 일이 일어난 것이다. '왜 나에게 이런 일이 생기지'라는 질문이 아니라, '어떻게 이 일을 해결하지'라는 의지가 필요하다. 이단문제는 감추면 감출수록 예후가 좋지 않다. 목회자와 전문가의 도움을 받아 건강하게 문제를 노출하는 것이 오히려 도움이 된다.

이단연구를 하면서 늘 궁금한 점이 하나 있다. 다소 불만이 있더라도 안락하고 안전한 교회와 가정에 머무는 편이 이득일 것 같은데, 굳이 (가진 기득권을 포기하고) 불편하고 불안전한 이단을 선택하는 이유는 무엇일까? 그리고 (확실한 미래가 보장되는 것은 아니지만) 학교도 졸업하고, (부자가 되기는 어려워도) 직장도 계속 다니고, (그다지 만족스럽거나 행복하지는 않아도) 가정에 남아 있으면 평범하고 무난한 삶을 살 수 있는데도 불구하고, 굳이 학업과 직업과 가정을 팽개치고 스스로 이단을 찾고, 그 안에서 고집스럽게 머무는 이유는 무엇일까? 도대체 어떤 명분이 이런 불합리한 선택을 가능하게 만드는 것일까?

이단들이 가지고 있는 '미혹의 기술'은 차치하고라도 혹시

---

newadvent.org/fathers.

우리 안에 원인을 제공하는 요인들이 있는 것은 아닌지 하는 불안감을 떨쳐버리기 쉽지 않다. 첫째, 교회 지도자들의 비상식적이고 부정직한 모습이 상식적이고 정직한 그리스도인들을 이단에게로 내모는 것은 아닐까? 겉으로는 거룩한 목소리와 점잖은 모습으로 대중 앞에 스스로를 노출하지만, 속으로는 명예와 이권에 연연하며 사리사욕을 위한 '야합'을 '연합'으로 미화하고 합리화하면서 세속 정치인 못지않은 눈속임과 술수에 능수능란한 교회정치 세력들의 모습이 싫어 차라리 기성교회를 비판하는 이단을 통해 카타르시스를 느끼기를 원하는 마음에 이단을 찾는 것이 아닐까?

둘째, 아무리 노력해도 소위 흙수저밖에 잡을 수 없는 (불평등한 사회의 구조적인 모순을 하루하루 뼈저리게 겪으면서) 주어진 운명을 천지개벽하듯 바꾸고 싶은 욕망이 이단에게 향하도록 하는 것은 아닐까? 청년 실업문제가 고통스럽다고 하면서도 현실적인 대안조차 제시하지 못하는 지도자들이 가득하고, 청년문제에 대해 열변을 토하면서도 재빠른 손익계산으로 자기 잇속만 차리는 데 능숙한 정치인들이 판치는 세상을 한 번에 뒤집어 바꿔버리고 싶은 열망이 청년들로 하여금 이단을 찾게 만드는 것이 아닐까?

셋째, 밖으로는 평안하고 평온한 가정으로 비춰지지만, 실제로는 통제와 차별과 폭력과 무료함이 곳곳에 숨어 있는 집이라면, 그래서 하루하루 탈출을 모색하는 남편과 아내, 부모와 자녀들은 더욱 미혹되기 쉽다. 집에서 결코 느끼지 못하는 정과 돌봄을 이단단체 안에서 경험하고, 차갑고 괴로운 집을 떠나 따뜻하고 푸근한 이단의 품을 찾는 이들을 어떻게 막을 수 있을까? 정통교회와 가정에서 불편하지만 안전하게 사는 것이 나을까, 아니면 잠시 잠깐이라도 이단단체 안에서 행복과 따뜻함을 느끼며 사는 것이 나을까?

평범한 사람들도 이단에 빠진다. 문제 있는 사람들만 이단에 빠지는 것은 아니다. 물론 이단에 미혹될 수밖에 없는 원인 제공 요인들이 있는 것도 사실이다. 하지만 착하고 평범하게 신앙생활을 하던 이들도 이단에 미혹될 수 있다. 이단의 교리 교육을 받아들이게 되면, 가족들의 반대나 목회자의 권면은 들리지 않는다. 터툴리안은 "이단들은 성경의 말씀을 다 받아들이지 않는다. 자신들의 목적을 달성하기 위해, 성경의 내용을 가감하여 왜곡시킨다. 성경을 임의적으로 해석하여, 진리를 왜곡한다"고 이단들의 비성경적 본질을 간파한다.[132]

유사품을 판매해야만 하는 운명을 지닌 이단들이지만, 탁월한 미혹의 기술을 가지고 있다. 안타깝게도 **오늘날 우리 사회는 '진품眞品을 소유한 교회의 추락'과 '가품假品을 판매하는 이**

---

132 Tertullianus, *Prescription against Heretics*, 제17장.

단의 비상'이라는 현상이 두드러지는 어그러진 세상이 되었다.

물론 여기에 기독교인의 잘못된 기대심리도 한몫을 한다. 평범한 삶에 대한 안도감보다 투자대비 더 많은 수익을 얻을 수 있다는 유사품에 관심을 갖는다. 이단들의 상술은 거짓말과 미혹으로 시작해 파멸로 끝이 난다. 달콤한 거짓말로 사람들을 모으고, 집중적이고 반복적으로 교육하면서 가짜를 진짜로 믿게 만드는 상술을 이단들은 가지고 있다. 그렇기에 이단들은 거짓말을 불사한다. 일단 관계가 형성되면 미혹의 가능성이 훨씬 높아지기 때문이다. 거짓말은 이단들의 가장 두드러진 특징이다. 그리스도인들은 복음을 부끄러워하지 않지만, 이단들은 거짓말을 합리화하여 불신과 분열을 초래한다.

이단들은 동시대 교회의 일그러진 초상이다. 교회를 보면 이단들의 문제점들이 보이고, 이단을 보면 교회가 잃어버리고 있는 정체성이 드러난다. 즉 이단들의 도전에 응전하기 위해 교회는 신앙의 변증 곧 신앙고백과 신학을 정립해왔으며, 이단들은 자신들의 입지와 활동의 당위성을 드러내기 위해 교회에 대한 비난과 배타적인 구원관을 설파해왔다. 이단들은 자신들을 타락한 교회의 대안으로 내세우며, 교회와 가정을 미혹하고 파괴해왔다.

진짜가 가짜처럼, 가짜가 진짜처럼 사는 이상한 세상이 되었다. 이단에 대처하는 것보다 성경말씀대로 믿고 사는 것이 더 중요하다. 삶과 신앙의 기준인 하나님의 말씀 위에 바로 설 때, 유통기한이 지난 유사품을 들고 미혹하는 가짜 이단들을 쉽게 분별할 수 있기 때문이다. 진짜답게 살아야 한다. 이단은 생성과 소멸을 반복하지만, 주님의 교회는 늘 승리한다는 변함없는 진리를 교회역사는 증언하고 있다.

미국의 대표적 사이비종교 문제 전문가인 스티븐 하산은 사이비종교에 빠지는 이유가 '마인드컨트롤(mind control, 생각개조)' 때문이라고 분석한다. 그는 마인드컨트롤에 대해 '한 사람의 정체성에 혼란을 주는 동시에 새로운 정체성으로 바꿔 놓는 시스템'이라고 정의하고 이를 'BITE Model'이라는 네 가지 유형으로 분류한다.[133]

첫 번째 유형은 '생활 통제(B, Behavior Control)'이다. 사이비종교는 신도들에게 헌신을 요구하는 한편, 소소한 일상의 자유까지도 치밀하게 통제한다. 정기적인 교리교육을 빙자해 시간을 통제하고, 수단과 방법을 가리지 않는 포교활동을 통해 정신을 통제하며, 끊임없는 지시와 명령을 통해 선택의 자유마저도 통제한다.

두 번째 유형은 '정보 통제(I, Information Control)'이다. 인간은

---

133 Steven Hassan, *Combatting Cult Mind Control* (Park Street Press, 1988), 59-67.

대개 정보를 통해서 삶의 균형과 방향을 잡는다. 그런데 사이비종교는 신도들에게 필요한 정보를 통제해서 객관적인 사고와 판단 및 비판의식을 마비시킨다. 이들은 언론매체와 인터넷을 통한 정보 습득을 악惡한 것으로 규정하고 오직 이단 교리와 지도부의 지시만을 따르도록 만든다. 이로 인해 가족을 비롯한 지인들과의 관계가 무너지고 정보마저 통제된 상황 속에서 결국 이단에 모든 것을 맡기는 무기력한 존재가 되고 만다.

세 번째 유형은 '사고 통제(T, Thought Control)'이다. 사이비종교는 개인의 자유로운 생각을 제한하고, 교리교육을 통해 사고의 통제를 강화한다. 교회에서 행해지는 성경공부를 통해서는 예수 그리스도를 만나지만, 이단들의 성경공부를 통해서는 신격화된 이단 교주를 만나게 된다. 그리고 이러한 사고의 통제는 결국 비상식적인 신격화를 수용하게 만든다. 이단은 성경을 보는 눈을 바꿔버린다. 성경의 어떤 내용을 읽더라도 이단의 눈으로 자신과 주변을 바라보고 해석하게 되는 것이다.

네 번째 유형은 '감정 통제(E, Emotional Control)'이다. 신도들은 죄의식과 위기감을 반복적으로 교육 받으며 이단 교주에 대한 철저한 복종을 배우게 된다. 이단 교주는 자신이 얼마나 신격화된 존재인지를 가르치는 것이 아니라, 신도들이 얼마나 죄인인지를 가르친다. 신도들이 죄인이 되어갈수록 그 죄를 지적하는 이단 교주는 점점 영적 권위를 갖게 되는 것이다. 게다가 종말론적 위기감 조성은 개인의 감정을 요동치게 만들고, 위기로부터의 탈출을 위해 가정과 교회로부터의 탈출을 시도하게 만든다.

스티븐 하산은 마인드컨트롤을 통해 사이비종교에 빠지는 것보다 마인드컨트롤(세뇌)에서 회복되는 것이 더 어렵다고 강조한다. 자신의 잃어버린 정체성을 회복하는 일 그리고 이를 통해 가정과 교회를 회복하는 일이 이단 대처의 가장 중요한 목적이다. 사이비종교 문제에 있어서 정죄와 분리보다 치유와 회복이 중요한 이유가 여기에 있다.

누구든지 이단에 미혹될 수 있다. 상식과 지적 수준은 결코 이단 예방의 기준이 되지 못한다. 오히려 이단을 선택한 자신의 결정과 교주에 대한 신격화를 합리화하는 수단으로 쉽게 전락한다. 상식적이고 합리적인 사람들이 이단에 미혹되는 순간, 비상식적이고 비합리적인 교리를 거리낌 없이 수용하게 된다. 터툴리안은 "연약한 사람은 쉽게 이단의 미혹에 넘어가고 실족한다. 그런데 믿음이 좋고, 신중하며, 교회의 신임을 받는 사람들이 왜 이단에 미혹되는지 궁금해한다. 이런 사람들은 결코 이단에 미혹되지 않는가? 선했던 사울이 다윗에 대한 질투로 인해 넘어졌고, 선했던 다윗도 우리아를 살해하고 간음하는 죄를 범했다… 온전하게 지혜롭고 신실하며 존엄한

사람은 없다. 우리는 마지막 순간까지 선한 싸움을 싸워야 한다"고 권면한다.[134]

27. 어떤 이단들이 성공하는가

성공하는 한국이단들에게서 나타나는 보편적인 특징들이 있다. 이단 교주는 사회적·신학적 교육을 거의 받지 못한 경우가 대부분이다. 하지만 교주의 핵심간부들은 대부분 고학력 전문가들로 구성된다. 이들은 자신의 지식을 최대한 동원해서 어눌한 교주의 행태와 주장을 체계적인 교리로 발전시켜 신격화하고, 이를 가지고 신도들을 조직적으로 세뇌하거나 체계적으로 통제하는 데 사용한다.

성공하는 이단 교주들에게 발견되는 공통점을 좀 더 정리해보면 다음과 같다. 첫째, 이단 교주들은 성경의 진의眞意에 무지無知해야 성공한다. 한국의 이단 교주들은 정규적인 사회교육이나 신학교육을 받지 못한 경우가 대부분이다. 그렇기에 성경을 보는 눈이 창의적이고 비성경적이다. 침소봉대針小棒大와 아전인수我田引水식 해석은 기본이다. 교주들은 성경 내용에

134 Tertullianus, *Prescription against Heretics*, 제3장.

나름 익숙하고, 성경을 바라보는 자신만의 독특한 관점을 가지고 있다. 정통적인 성경관은 결여되어 있지만, 성경에 대한 문자적 집착과 해석은 아이러니컬하게도 성경에 대한 창의적인 해석을 가능하게 만든다. 올바른 성경지식의 부재는 성공적인 이단 교주가 되기 위한 필요조건이다. 그리스도인들은 성경을 '알아야' 살지만, 반면 성공적인 이단 교주들은 성경을 '몰라야' 성공할 수 있다. 성경의 참 뜻을 몰라야 창의적인 비성경적 주장을 펼칠 수 있기 때문이다.

둘째, 자신 스스로를 신격화된 존재라고 믿고 받아들이는 자기세뇌 과정을 거친 이단 교주들이 주로 성공한다. 성공한 이단 교주들의 대부분은 스스로를 신격화된 인물로 믿고 있는 것으로 보인다. 어설픈 종교 사기범은 결코 이단 교주로 성공하기 어렵다. 스스로를 신격화된 존재라고 믿는 교주들만이 확신을 가지고 사람들을 미혹하고, 신도들을 순종이라는 이름으로 통제하고, 헌신이라는 미명으로 착취할 수 있다. 이단 관련 범죄의 경우 종교적 확신범에 의해 저질러진 경우가 대부분이다. 심지어 남을 죽이면 성전聖戰으로, 자신이 죽으면 순교殉教로 미화하는 것이 극단적인 종교범죄의 모습이다. 이로 인해 종교범죄의 경우, 양심의 가책이 동반되기보다는 오히려 범죄에 대한 교리적 합리화가 이루어진다. 자신에 대한 신격화를 스스로 믿는 교주들이 성공하는 이유다.

셋째, 이단 교주들은 성경의 내용을 자의적이고 임의적으로 바꿔야 성공한다. 성경의 보편적 가르침을 배타적인 자기중심적 교리로 바꿀 수 있는 이단 교주들이 성공한다. 그리고 자신의 교리가 성경 계시의 불완전성을 완성시킬 새로운 계시라는 것을 사람들에게 납득시킬 수 있어야만 자신의 독자적인 조직을 구축할 수 있다. 손익계산에 익숙한 현대인들이 안전지대인 가정과 교회를 떠나 이단을 선택하는 이유가 있다. 그것은 가정과 교회에 없는 것을 이단이 가지고 있다고 믿기 때문이다. 교회도 옳지만 자신들도 옳다고 주장하는 이단 교주는 결코 성공할 수 없다. 교회에는 구원이 없고 자신들에게만 구원이 있다는 배타적인 주장이 통해야 포교에 성공할 수 있는 것이다. 그렇기에 이단 대처는 일면 저작권 회복운동이다. 하나님께 저작권이 있는 성경의 거룩한 용어들을 훼손하고 오염시키는 이단들의 표절행위를 근절시켜야 한다. 그래서 '신천지'라는 말을 들으면, 이단 신천지가 아니라, '새 하늘과 새 땅'을 향하는 기독교인들의 종말론적 소망이 떠올라야 하고, '기쁜 소식'이라는 표현을 보면, 구원파가 아니라, '예수 그리스도의 복음'이 연상되어야 한다.

넷째, 이단 교주는 자신이 따르던 교주를 배신하거나 딛고 넘어서야 성공한다. 그렇기에 새롭게 독립한 이단 교주들이, 한때 자신이 따라다니던 '재림 그리스도'를 '세례요한'으로 폄하하는 현상들을 어렵지 않게 발견할 수 있다. 이단 교주들은 한때 다른 이단단체의 추종자들이었던 경우가 대부분이다. 하지만 독립해 스스로 교주가 되기 위해서는, 한때 자신이 추종하던 교주의 권위를 훼손해야만 하는 운명을 지니고 있다. 그렇게 하지 않으면, 독자적인 세력을 만들 수 있는 명분이 없기 때문이다. 따라서 이단 교주들의 후계자들은 대부분 배신의 아이콘들이다. 자신의 스승을 넘어서야만 자신이 살아남을 수 있는 것이다.

다섯째, 남성 2인자들의 배신을 수차례 목도해온 이단 교주들은 후계구도 정착에 남다른 신경을 쓰게 된다. 결론적으로 이단 교주들은 자신의 자리를 넘보는 남성 2인자들을 철저하게 눌러야 성공할 수 있다. 한국이단 교주들의 말로는 대부분 순탄하지 못했다. 후계자들에게 배신당하거나, 2인자들의 배신으로 조직이 분열되는 경험을 했다. 그리고 무엇보다도 대부분의 배신자들은 남성이다. 최근 주요 이단들의 후계자가 대체로 여성이라는 점을 보면, 남성 2인자들에 대한 경계심의 결과로도 일면 볼 수 있다. 즉 상대적으로 통제가 수월하기 때문에 여성 후계자를 선호한다고 해석할 수 있다.

여섯째, 이단 교주들은 돈을 벌어야 성공한다. 이강오 교수는 한국이단을 분류하면서 "기업형企業形"이라는 유형을 소개했다. 한국이단의 역사에는, 종교적 순기능을 한 단체들도 있지만, 착취를 통해 사리사욕을 채우며 종교적 역기능을 자행해온 사이비종교들이 다수 있어 온 것이 사실이다. 이단 교주들에게 경제적 부의 형성은 피할 수 없는 운명이다. 경제적인 능력이 있어야 교주의 조직에 대한 통제력과 영향력이 효과적으로 발휘될 수 있기 때문이다. 산타바바라에 위치한 캘리포니아대학교(UCSB)의 종교연구소는 이단의 지속성에 영향을 주는 5가지 필요조건을 제시한다. 즉 신격화된 교주(prophet), 독창적인 교리(promise), 목적달성을 위한 구체적인 계획(plan), 환경을 적절하게 활용하는 생존능력(possibility) 그리고 거점의 확보(place)이다. 이중 거점의 확보가 결국은 이단 운동의 성패를 좌우하기도 한다. 그렇기에 많은 이단이 성지聖地 개발로 위장한 부동산 확보에 열을 올리는 것이다.

일곱째, 이단 교주들은 남을 잘 속여야만 성공한다. 이단 교주들은 자신들이 죽어도 죽은 것이 아니며, 심지어는 죽지 않고 영원히 살 것이라고 주장한다. 이미 사망한 이단 교주를 신도들은 여전히 불멸하는 영생불사의 존재로 신격화하기도 한다. 이단문제는 상식과 합리성의 잣대로 판단할 수 있는 문제가 아니라, 신앙과 영적인 눈으로 바라보아야 할 문제인 것이 분명하다. 안타까운 사실은, 신격화된 교주가 사망해도, 신도들이 이단단체를 떠나지 못한다는 사실이다. 여기에는 이유가 있다. 교주가 다시 살아날 것이라는 단순한 믿음 때문만은 아니다. 오히려 자존감을 스스로 지키기 위한 방어적 차원의 비정상적인 믿음을 갖게 되는 것이다. 즉 가족과 지인들의 반대를 무릅쓰고 이단을 선택했고 교주를 헌신적으로 추종했는데, 교주가 죽은 것이다. 자신의 선택이 실패로 끝날 위기다. 이러한 현실에 직면한 사람은, 선택이 틀리지 않았음을 입증하기 위한 자기합리화의 과정을 시작한다. 자신의 선택을 합리화하기 위해 사망한 교주를 신격화하고, 자신의 존재이유를 설명하기 위해 교주의 죽음을 미화한다. 그래야 남들에게 자신의 처지를 설명할 수 있기 때문이다. 이단에 미혹된 신도들이 신격화된 교주가 사망해도 그리고 약속된 종말이 오지 않아도, 이단을 떠나기가 결코 쉽지 이유가 여기에 있다. 교주의 죽음은 이단문제의 해결을 의미하기보다, 이단 피해회복을 위한 새로운 여정의 시작을 의미한다.

비성경적이고 비상식적인 이단들에 대해, 기독교 전통에 부합하는 성경적 이단 대처와 주변사회가 상식적으로 공감할 수 있는 합리적 이단 대처가 필요하다.

28. 누가 이단을 규정하는가

사회적 위상과 공신력이 약화된 한국교회의 이단 대처가 어려움을 겪고 있다. 교회의 납득할 만한 이단규정에 대해 이단들은 한국교회의 문제점과 이단규정의 공정성을 운운하며 물타기를 시도하고 있다. 이단규정의 '주체'인 교회가 사회의 비판에 직면해 있는 반면, 그 '대상'인 이단들은 (자신들의 정체를 감춘 채) 친사회적인 봉사활동을 펼치며 사회적 공신력을 얻기 위해 애쓰는 것이 오늘날의 형세다. 교회의 이유 있는 이단규정에 대해 이단들은 상식과 형평성을 내세우며 교회의 문제점들을 노출시키려는 시도를 멈추지 않는다.

무엇보다도 안타까운 사실은, 이단 대처의 구심적 역할을 해야 할 기독교 연합기관들의 난립 현상이다. '그리스도를 위한 연합'이 아니라 '사리사욕을 위한 야합'이 진행되고 있는 것은 아닌지 불안하기만 하다. **이단 대처에 있어서 연합적 대처는 가장 효과적인 방법이다**. 개인이나 개교회 차원의 이단 대처는 고립적이고 수세적인 수 있지만, 연합적 이단 대처 활동은 효과적이고 영향력이 있다. 만약 여기에 주변사회가 쉽게 공감할 수 있고, 교회의 힘을 결집시킬 수 있는 현실적이고 합리적인 이단 대처 전략이 더해진다면, 더할 나위 없는 강력한 이단 대처의 조건이 만들어진다.

하지만 최근 교회의 연합 활동이 오히려 이단 대처 현장에 혼란을 야기하고 있다는 우려가 있다. 현재 한국교회 대표성을 주장하는 다양한 연합기관들이 난립하고 있다. 그리고 이로 인한 분열의 짐을 기독교인들이 고스란히 떠안게 되고, 교권에 집착하는 연합 활동가들이 회원 교단들로부터 외면받는 일이 발생하고 있다.[135]

이로 인해 신천지를 비롯한 이단들은 연합기관의 공신력을 조롱하며, 자신들의 활동과 존재이유를 합리화하고 있는 실정이다. 게다가 주변사회도 이러한 연합기관의 파행을 냉소적으로 바라보고 있다. 한국교회의 시급한 당면과제인 이단, 이슬람, 각종 비성경적 문화에 대해 교회가 목소리를 높이면, 너나 잘하라는 반대자들의 목소리가 메아리처럼 되돌아오는 것이 오늘 교회가 마주한 현실이다.

연합기관이 이단 대처의 중심이 아니라, 신학적으로 불건전한 개인과 단체들이 신분을 세탁하고 면죄부를 받는 장소로 악용되기도 한다. '사리사욕을 위한 야합'이 아니라, '그리스도를 위한 연합'이 절실하다.

이단 대처 현장은 반드시 교단정치의 청정지역이 되어야 한다. 연합 활동이 '그리스도를 위한 연합'이 아니라, '사리사욕을 위한 야합'으로 변질되는 것을 민감하게 경계해야 한다. 지역 교계와 주변사회의 필요와 요구에 부응하는 연합 활동이 아니라, 특정 정파와 개인 중심의 불균형하고 불공평한 연

135 탁지일, "연합과 야합 사이에서", 「한국기독신문」 (2017.2.16.)

합 활동은 크고 작은 균열을 야기한다. '연합'과 '야합'은 백지 장 한 장 차이라는 것을 한국교회의 교파주의 역사는 분명하게 보여주고 있다.

교회의 연합적 이단 대처는 교회역사의 오랜 전통이다. 이방인 선교와 관련된 교회의 첫 위기를 예루살렘과 안디옥 교회의 지도자들이 한자리에 모여 극복했고, 이단과 관련한 초대교회의 문제를 로마, 콘스탄티노플, 안디옥, 예루살렘, 알렉산드리아의 모든 기독교 지도자들이 함께 모여 머리를 맞대고 신학적 변증과 대처의 길을 찾았다. 이러한 연합적 이단 대처는 중세교회 이후 오늘에 이르기까지 교회의 중요한 전통이 되었다. 특히 교파주의를 운명적 특징으로 하는 한국교회에서 연합적 이단 대처는 필수불가결한 과제다.

29. 어떻게 이단 피해자를 도울 수 있는가

신천지 신도가 부모와의 다툼 중에서 숨진 가슴 아픈 사건이 발생한 적이 있다. 신천지로부터 딸을 '구하려는' 부모와 신천지에 '남으려는' 딸 사이의 갈등으로 인해 벌어진 사건이다. 시시비비와 책임공방을 넘어 안타깝기만 하다. 사랑하는 딸은 숨졌고, 부모는 피의자 신분이 되었다. 과연 이 사건의 진짜 가해자와 피해자는 누구인가?

신천지는 연일 이 사건에 항의하는 시위를 진행하면서 국내외에서의 선전에도 열을 올렸다. 과연 이 문제의 원인이 신천지가 주장하는 것처럼 소위 강제 개종교육의 결과일까? 그리고 과연 신천지는 불법감금과 개종강요의 최대 피해자일까?

분명한 사실은 강제 개종교육을 먼저 시작하고, 평범한 신앙가정을 유린하고 파탄시킨 것은 신천지라는 것이다. 거짓말로 접근해 투명하고 자발적인 종교 선택의 자유를 유린한 것은 신천지다. 신천지는 수많은 가정파탄과 교회혼란의 '원인제공자'라는 사실을 부인할 수 없다. 신천지는 강제개종과 종교자유를 논할 수 있는 자격이 없다. 그렇기에 신천지에게 필요한 것은 '항의와 호소'가 아니라, 진심어린 '사과와 애도'이다.

신천지는 자신들의 도의적 책임은 망각하고 회피한 채, 피해자 코스프레에 집착하고 있다. 그동안 신천지는 소위 자신들의 종교적 목적 달성을 위해, '모략'이란 이름으로 합리화된 거짓말을 강요하지 않았는가? 사랑하는 가족을 포기하도록 만들었으며, 신천지에 대한 충성의 증표로 천륜과 인륜을 저버린 가출과 이혼을 조장하지 않았는가? 또한 믿음과 신뢰의 공동체인 가정과 교회 안에 몰래 들어와, 불신과 분열의 씨앗을 얼마나 조직적으로 뿌려왔는가?

다행스러운 사실은 2020년 1월 14일 대전지방법원 서산지원 민사1 단독 재판부는, 신천지 탈퇴자 3명이 청구한 민사상손해배상소송에서 한 신천지 탈퇴자 A씨에게 위자료 500만 원을 지급하라고 판결했다. 판결을 통해, "신천지예수교회 및 피고 교회는 다른 교회의 신도나 신도였던 사람들을 상대로 하여 처음에는 신천지예수교회 소속이라는 것을 전혀 알리지 아니한 채 문화체험 프로그램 또는 성경공부라는 명목으로 신천지예수교회의 교리교육을 받게 하고" 또한 "만약 피전도자가 신천지라는 것을 의심하면 피전도자와 같이 전도를 받는 사람들로 위장한 신도들 등이 더욱 철저하고 교묘하게 피전도자를 관리하여 그 의심을 배제시켜 어느 정도 교리에 순화될 때까지(일명 '씨가 심겨질 때까지') 숨기고 있다가 그 이후에 신천지예수교회 소속이라는 것을 밝히는 형태의 전도방법"을 사용했다고 인정했다. 재판부는 신천지의 "전도 방법은 대상자가 정당한 결정을 내릴 수 있는 기회를 막고 충분한 정보를 전달받지 못하도록 차단하기 위하여 행위자들이 신천지예수교회 소속이라는 것을 은닉한 채 대상자에게 배려와 친절을 베풀고 객관적 사실을 알려주는 주위 사람과도 그 관계를 끊게 하거나 악화시키는 형태로 이루어졌다"고 인정하고, 또한 "대상자가 신도로 포섭된 이후에도 지속적인 관리를 행하였는 바 이는 그 대상자로 하여금 포섭 행위자들이 베풀던 친절과 호의 등에 이미 익숙해진 상태에서 그러한 친절과 호의가 순식간에 사라지고 외톨이가 될 수 있다는 등의 불안심리 등을 이용하여 사실상 자유의지를 박탈한 상태에서 피고 교회[신천지] 등의 신도가 되도록 유도"했다고 적시한 후에, 이러한 포교 방법과 신도 통제는, "헌법에서 보호하는 종교의 자유를 넘어선 것이고, 사기범행의 기망이나 협박 행위와도 유사하여 이는 우리 사회 공동체 질서유지를 위한 법규범과도 배치되는 것이어서 위법성이 있다고 평가된다"고 판단했다.[136]

수많은 신천지 피해자들이, 신천지에 '빼앗긴' 사랑하는 사람을 다시 '되찾기' 위해 힘든 싸움을 계속하고 있다. 피해자들은 신천지가 주장하는 종교 선택의 자유 이면에 숨겨진 사리사욕과 파괴본능을 알리기 위해 노력하고 있다. 그리고 '신천지가 문제'라면 '가족이 정답'이라는 희망을 가지고 이루 말할 수 없는 고통을 하루하루 견디며 살고 있다. 하지만 항상 그랬듯이, 사건의 '숨겨진 가해자'인 신천지는 '억울한 피해자'로 둔갑하려 하고 있고, 평범한 한 가정의 부모와 딸은 실정법상의 '가해자'와 '피해자'로 남게 되었다.

상실의 아픔은 도무지 지울 수 없는 상처다. 자녀의 죽음 앞에 덤덤할 부모가 하늘 아래 어디 있으며, 사지로 내몰리는 사

136 대전지방법원 서산지원 민사1단독 재판부 판결문 (2020.1.14.)

랑하는 배우자, 자녀, 부모를 수수방관하고 방치할 가족이 어디 있겠는가? 아마도 신천지로부터 사랑하는 이들을 되찾기 위한 피해 가족들의 노력은 이 가슴 아픈 사건에도 불구하고 멈추지 않을 것이다.

신천지 피해자 구출은 '하느냐 마느냐'의 문제가 아니라, '어떻게 하느냐'의 문제다. 대신 지혜로워야 한다. 첫째, 설령 마음이 답답하고 조급하더라도 적법한 절차와 과정을 택해야 한다. 둘째, 힘들더라도 당사자의 동의와 허락을 반드시 얻은 후 진행해야 한다. 셋째, 검증된 상담자의 조언과 도움이 필요하다. 한국사회 속에서 이단문제는 교리적 문제를 넘어, 실정법상의 문제이기 때문이다. 신천지의 거짓 가면을 벗겨내기 위한 지혜와 용기가 필요하다.

교주가 사망하면 이단에 빠진 사람이 집으로 돌아오리라는 기대. 교주의 범죄가 밝혀져 구속되면 모든 것이 끝나리라는 기대. 시한부 종말의 그날이 지나가면 그만 포기하고 가족 품으로 돌아오리라는 기대. 나이가 들면 언젠가는 잘못을 깨닫게 되리라는 기대. 하지만 이단사이비 피해자 가족들의 이러한 기대는 기약 없는 오랜 기다림으로 끝날지도 모른다. 그 이유를 정리해보자.

첫째, 하나님으로 믿고 따르던 교주가 사망하면, 과연 현실로 받아들일 수 있을까? 만약 그렇게 인지하는 순간, 교주를 하나님으로 믿고 모든 것을 다 포기하고 따랐던 지난날의 선택은 철저히 실패한 것이 되어버린다. 뿐만 아니라 사랑하는 가족과 지인들의 만류를 무릅쓰고 선택했던 나의 오류를 인정하는 부끄러움도 감수해야 한다. 어쩌면 차라리 인정하지 않는 편이 나을 수 있다는 판단을 쉽게 할 수 있다. 똑똑할수록 이러한 자기합리화의 이유가 치밀하다. 신념과 현실이 충돌하는 인지부조화의 상황에서, 스스로를 보호하기 위한 안전장치에 시동을 건다. 즉 교주의 죽음을 신격화하거나 미화하는 과정으로 나아가는 것이다.

둘째, 범죄의 결과로 교주가 구속되면, 망상으로부터 깨어나 현실을 자각하고 원래의 자리로 돌아올 수 있을까? 하지만 교주의 범죄를 현실로 받아들이는 순간, 범죄를 방조하거나 동조한 공범이 되어버린다는 사실을 깨닫게 된다. 실수를 인정하는 용기보다 실패를 인정해야만 하는 창피함이 앞선다. 마침내 교주가 범죄의 결과로 교도소에 있는 것이 아니라, 하나님의 일을 하다가 부당하게 정죄받았다고 스스로 합리화하기에 이른다. 이미 합리적 상황 판단을 위한 '옳고 그름'의 잣대는 사라지고, 오직 비상식적인 교주를 향한 '순종과 불순종'의 선택만이 남은 상태이기에 이러한 판단이 가능해진다. 결국 교주의 석방을 기다리며 스스로 희망고문을 시작한다.

셋째, 시한부 종말이 실패하면, 모든 것이 제자리를 되찾을 수 있을까? 종말의 날로 예정된 날이 아무 일 없이 지나가도, 이단사이비 단체를 떠나지 못하는 경우가 많다. 물론 재산과 관계를 거의 포기한 까닭에 다른 선택의 여지가 없는 경우도 있고, 혹은 교주가 변개한 교리를 애써 받아들이고 새롭게 설정된 종말의 날에 다시 기대를 걸기도 한다. 성경보다 더 높은 권위를 가지고 있는 교주는 성경과 자기가 한 말을 뒤집는 데 거침이 없다. 교주가 제시하는 그럴듯한 종말 불발의 핑계가 맞는지 안 맞는지를 생각해볼 겨를도 없이 순순히 수용한다. 반복되는 종말론의 실패와 계속되는 맹목적인 추종으로 인해, 사회가 공감하기 힘든 시한부 종말론 중독 증세가 나타난다.

넷째, 영생의 조건이라는 소위 14만 4,000명의 그날이 오면, 지금까지의 모든 인생 고민과 관계 갈등이 한방에 해결될 수 있을까? 성경은 그날과 그때는 하나님만 아신다고 했는데, 교주는 시한부 종말론을 주장하며, 헌신이라는 이름으로 신도들을 통제하고 착취한다. 하지만 최악은 조건부 종말론이다. 예수를 그리스도로 믿으면 영생을 얻는다는 성경의 가르침과는 달리, 이단 교주는 14만 4,000명 등의 특정한 기준을 영생의 필요조건으로 내세운다. 그리고 이를 위해 소중한 것을 포기하도록 유도하며, 가정과 교회를 무너뜨리는 것은 물론이고, 거짓말을 종교적으로 합리화시켜 인간성을 파괴한다. 문제는 14만 4,000명이 넘었는데도 아무런 일도 일어나지 않는 안타까운 현실이다. 교주는 아무렇지도 않은 듯 14만 4,000명의 기준을 새롭게 설정하고, 신도들은 14만 4,000명 안에 포함되기 위한 무한경쟁을 시작한다.

'거짓말'은 이단들의 운명적인 특징이자 태생적인 한계다. 이단들은 생존과 성장을 위해 거짓말을 합리화한다. 교주의 죽음과 구속을 설명하기 위해 혹은 시한부·조건부 종말론의 불발을 무마하기 위해 거짓말로 무장한다. 죄의식은 없다. 거짓말에 대한 사회적 통념과 부정적 인식은 무시한 채, 사리사욕을 위해 거짓말을 강요하고, 신도 통제와 착취를 위해 거짓말을 도구로 삼는다. 하지만 거짓말을 하는 사람은 14만 4,000명에 결코 속할 수 없으며, 새 예루살렘성에도 들어갈 수 없다고 요한계시록은 분명하게 단언한다.[137]

30. 어떻게 이단 피해를 회복할 수 있는가

명절이나 집안 대소사는 멀리 떨어져 있던 가족들이 함께 모이는 즐거운 시간이다. 하지만 이단문제로 어려움을 겪는 가정이 있다면, 불편하고 가슴 아픈 가족모임이 되곤 한다. 이단

---

137 탁지일, "기대 그리고 기다림", 「국민일보」 (2019.8.20.)

에 미혹된 사랑하는 가족을 바라보며 눈물과 한숨 속에 명절을 보낼 수도 있고, 혹은 안타까움이 넘쳐 다툼과 논쟁으로 소중한 시간을 고통 속에 보낼 수도 있다. 사랑하는 가족이 이단에 빠졌을 때, 필요한 것은 정죄일까, 사랑일까?

만약 친구나 지인이 이단에 빠졌다면, 안 보면 그만이고, 관심을 끊으면 될지도 모른다. 하지만 사랑하는 배우자 혹은 부모와 자식이 이단에 빠졌다면 어떨까? 안 볼 수도 없고, 아무리 시간이 흘러도 결코 쉽게 포기할 수 없다. 안타까운 마음에 모든 수단과 방법을 동원해서라도 가족을 되찾기 위해 최선을 다하게 된다. 그렇기에 이단이 문제이면, 가족이 문제 해결을 위한 가장 큰 힘을 지니고 있다.

이단에 빠진 가족을 되찾아오려는 노력을 통일교나 신천지와 같은 이단들은 '강제개종'이라고 비판한다. 어불성설이다! 강제개종을 자행해서 가족을 파괴한 것은 오히려 이단이다. 피해자들의 입장에서는, '빼앗긴' 가족을 원래 있던 곳으로 다시 '되찾아'오려는 처절한 몸부림일 뿐이다.

또한 정죄보다는 사랑이 우선이라는 점을 잊어서는 안 된다. 오랜만에 만난 가족들이, 이단문제로 서로 괴로워하고 등을 지는 것이 과연 성경적(그리고 복음적)일까? 가정과 교회의 분열과 불신은 오히려 이단들이 노리는 목적이다. 거짓 이단들이 우리 안에 가만히 들어와서, 예수 안에서 자유한 우리를 그들의 종으로 삼으려고 분열시키고 미움을 심는다(갈 2:4). 이단이 무서운 것이 아니라, 이단으로 인한 가족의 불신과 분열이 두려운 것이다.

이단문제는 결코 교리적 논쟁으로 해결되기 어렵다. 같은 한국 사람이고 같은 한국어를 사용해도 말이 안 통한다. 이단 논쟁 앞에서 상식과 합리성은 무용지물이다. 이유가 있다. 이단들은 성경을 왜곡해서 볼 수 있는 새로운 눈을 만들어주었기 때문이다. 이 왜곡된 눈을 한번 갖게 되면, 세상과 가족과 성경은 다르게 보인다. 이로 인해 다정했던 배우자, 사랑스러운 아들딸, 포근했던 부모가 이단에 빠지면, 순식간에 달라지는 것이다.

이단문제 해결은 논쟁이나 다툼보다는 사랑이 우선이다. 만약 가족 중에 이단에 빠진 피해자가 있다면 이단을 선택한 것을 결코 용납하거나 동의할 수 없다는 점은 분명하게 밝혀야 하지만, 다른 한편으로는 그럼에도 불구하고 사랑하고 있으며 무슨 일이 있어도 결코 포기하지 않겠다는 점을 분명하게 전달해야 한다. 이것은 이단에 빠진 가족을 둔 모두가 반드시 지켜야 할 신앙적 가이드라인이다.

이단은 세상 마지막 때, 주님 다시 오실 때의 표징이다. 이단문제가 발생한 것은, 부끄러운 일도 아니고 그렇다고 숨길 일도 아니다. 누구에게든지 생길 수 있다. 다만 중요한 것은 우리 가족에게 왜 이런 일이 생겼는지 한탄하며 한숨만 쉴 것이 아니라, 가족에게 닥친 이 어려움을 어떻게 해결해나갈지에 지혜를 모으고, 용기를 가져야 한다. 이단으로 인한 어려움은 '예견'된 것이지만, 이단문제로부터의 회복은 이미 '예정'된 것이다. 용기와 인내를 가지고 주님의 시간에 주님께서 허락하실 치유와 회복의 때를 소망 가운데 기다려야 한다.

"바울이 온 이태를 자기 셋집에 머물면서 자기에게 오는 사람을 다 영접하고 하나님의 나라를 전파하며 주 예수 그리스도에 관한 모든 것을 담대하게 거침없이 가르치더라" 행 28:30-31

담대하게 거침없이

사도행전의 마지막 28장에는 로마로 끌려와 군인의 감시 하에 셋집에서 2년 동안 살아가는 바울의 모습이 기록되어 있다. 열악한 상황에서 바울은 자신을 찾아오는 이들에게 복음을 감추거나 타협적으로 전하지 않았다. 하나님의 나라와 예수 그리스도에 관한 "모든 것을 담대하게 거침없이" 가르쳤다. 바울과 신실한 기독교 신앙인들은 복음을 결코 부끄러워하지 않았다.

우리는 하나님께 부름 받은 그분의 백성이며, 그분으로부터 보냄 받은 예수 그리스도의 제자들이다. 교회라는 온실 속에만 머물며 서로를 위로하는 것을 넘어, 세상 안으로 들어가 우리의 신앙고백을 부끄러움 없이 담대하고 거침없이 선포해야 한다. 그리스도인의 당당함과 떳떳함은, 거짓말을 합리화하며 양의 가면을 쓰고 삼킬 자를 찾아 헤매는 현대 이단들의 모습과 극명한 대조를 이루고 있다.

교회의 교리적 비판이라는 전통적인 접근을 넘어, 주변사회의 공감과 동의를 얻을 수 있는 이단문제 접근을 시도해야 한다. 다행히 한국사회에서는 '이단'이란 용어가 교리적이기보다는 사회적으로도 부정적 가치판단이 내재된 표현으로 사용되고 있다. 그만큼 한국 근현대사에서 이단들은 사회적 역기능을 노출해왔다. 이는 종교의 자유를 헌법에서 보장하는 한국사회에서 이단 대처를 위한 긍정적 조건이라고 할 수 있다. 이단규정은 교회 안의 동의를 넘어 사회적 공감대를 형성해야 효과적인 대처가 가능하다.

거룩한 언어의 회복

이단 대처는 일면 거룩한 성경 언어의 회복 운동이다. 이단들은 하나님에게 저작권이 있는 성경의 핵심적인 단어들을 도용하고 있다. 예를 들면 기독교적 종말론의 표징인 "새 하늘과 새 땅"新天地은 신천지에게 그 저작권이 도용당해, 이제는 신천지라는 단어를 교회 안에서 사용하기 꺼려지는 기현상까지 일어나고 있다. 구원파가 사용하는 "복음", "생명의 말씀", "기쁜 소식" 등도 역시 그리스도인들이 구원파의 미혹을 경계하기 위해 기억해야 할 부정적인 표현들로 인식되고 있다. 어불성설이다. 이단들에게 도용당한 성경 언어의 저작권 회복 운동이 필요하다. 이단 대처의 명분으로 인해 주옥 같은 성경 언어들을 포기해서는 안 된다. 신천지, 기쁜 소식, 생명의 말씀은 이단이 아니라 교회에 속해 있다.

초대교회 교부들과 종교개혁자들은 신앙생활에서 가장 쉽게 접근할 수 있는 교회음악과 찬송을 통해 이단변증과 대처교육을 진행했다. 쉬운 문답식 교리교육을 통해 이단 예방과 대처를 어려서부터 생활화했다. 남녀노소 신앙인의 눈높이에 맞춘 효과적이고 '내용적으로는 성경적이고 전통적'이면서도 '형식적으로는 현대적이고 창의적'인 이단 예방 및 대처 교육의 계발이 요구된다. 교회의 거룩함과 구별됨은, 이단들에 대한 변증과 선한 싸움을 통해 더욱 선명해질 것이다. 이단은 항상 생성과 소멸을 반복하지만, 주님의 교회는 영원하고 마침내 승리한다. 이는 변함없는 우리의 믿음이다.

이단의 특징 _ Cult Code

이단은 심오한 교리적 분석보다 상식적인 성경적 기준을 통해 분별이 가능하다. 첫째, 교회는 예수님만을 그리스도로 믿지만, 이단들은 사람을 신격화한다. 6.25전쟁을 기점으로 한국에는 셀 수 없는 자칭 하나님, 재림 그리스도, 성령님이 등장해왔다(마 24:5). 심지어 사망하거나 구속이 되도 신격화는 변함없이 지속된다. 교회의 성경공부를 통해서는 예수 그리스도를 만나지만, 이단의 교리교육은 초지일관 교주를 향하고 있다.

둘째, 교회는 하나님의 기록된 말씀인 성경만을 유일한 진리로 받아들이지만(신 4:2), 이단들은 비성경적인 주장을 기초한다. 성경과는 차별화된 내용을 가져야만 사람들을 미혹할 수 있고, 신격화된 교주의 존재로 인해 성경과 교리의 내용을 변개하는 데 거침이 없다. 성경의 진리를 가감하는 것을 넘어, 자의적으로 해석한다. 이로 인해 말씀 위에 든든히 서지 않으면 이단 분별은 불가능하다. 반면 말씀 위에 든든히 서면 이단 분별은 무료로 주어지는 하나님 은혜의 선물이다.

셋째, 교회의 종말관은, 내가 죽거나 주님이 다시 오실 때까지 하루하루를 신실하게 살아가게 만들지만, 이단은 시한부 혹은 조건부 종말론을 내세운다. 성경은 그 날과 그때는 하나님 외에는 아무도 모른다고 했지만(마 24:36), 이단들은 특정한 날을 종말의 때로 주장하는 시한부 종말론을 주장하거나, 14만 4,000명처럼 특정한 조건의 충족을 주장한다.

넷째, 교회는 예수님을 믿으면 영생을 얻는다는 성경말씀을 믿고 따르지만(요 3:16), 이단들은 자기들에게 와야만 구원과 영생을 이룬다고 주장한다. 자신들만이 참된 교회이고, 기성교회는 거짓 바벨론 교회라고 이분법적으로 접근한다. 이를 근거로 믿는 자들을 삼키려고 우는 사자처럼 달려든다. 구원관과 교회관이 배타적이다.

다섯째, 교회는 복음을 부끄러워하지도 않으며(눅 9:26), 언제 어디서나 담대하고 거침없이(행 28:31) 복음을 선포하지만, 이단들은 자신들의 정체를 감추고 가만히 다가와 하나님의 자녀들을 미혹한다(갈 2:4). 심지어는 거짓말을 종교적으로 합리화한 후, 사랑하는 가족들과 지인들에게 태연하게 거짓말을 하면서도 전혀 죄책감을 느끼지 않는다. 안타까운 사실은 거짓말하는 사람은 이단들의 소망인 14만 4,000명에 속할 수 없다는 사실이다(계 14:5).

여섯째, 교회는 이웃을 섬길 때, 오른손이 하는 것을 왼손이 모르게 하지만(마 6:3), 이단들은 자신들의 의도된 봉사활동을 선전하는 데 열심이다. 이단들은 봉사활동을 한 후, 언론에 제보하여 기사화하고, 이를 가지고 정부기관에게 상을 주도록 요구한다. 그리고 수상 실적을 언론과 인터넷을 통해 선전하고, 필요할 경우 거액의 자금을 지원해 홍보성 기사를 게재하도록 한다. 속은 노략질하는 이리들이 양의 옷을 입고 활동하고 있다(마 7:15).

“이단이란 계획적이기보다는 우발적으로 기독교 신앙의 핵심을 뒤집고 동요시키고 심지어는 파괴하게 된 기독교 신앙의 한 유형이라고 보는 것이 바람직하다”고 맥그래스는 정의한다.[1] 그렇기에 이단에 대한 연구는 “기독교 신앙의 핵심”을 탐구하는 것으로부터 시작해야 한다.

교회의 표징 _ Church Code

교회의 표징은 초대교회로부터 명료하고 분명하며 변함없다. 첫째, 이단은 유한하지만 교회는 영원하다. 이단은 역사 속에서 생성과 소멸을 반복해왔다. 아무리 강성했던 이단도 결국 역사에서 사라졌다. 하지만 주님의 교회는 흔들릴지언정 결코 쓰러짐 없이 오늘에 이르고 있다. 주님 다시 오실 때까지 교회는 영원할 것이다. 오늘날 한국교회는 이단의 미혹과 도전에 직면해 있지만, 이단과의 영적 전쟁에서 최후의 승리를

1 알리스터 맥그래스, 『그들은 어떻게 이단이 되었는가』, 25.

쟁취하리라는 믿음에는 흔들림이 없다.

둘째, 교회가 성장할 때 이단도 함께 발흥한다. 미국 대각성 운동과 한국 대부흥 운동의 현장에서 이단들의 뿌리가 내려지기 시작했다. 교회에 대한 박해는 신앙의 성숙과 신학의 깊이를 더하게 만들고, 교회의 성장은 오히려 사회의 비판과 이단의 도전을 직면하게 한다. 한국교회의 유례없는 성장 속에서, 가장 심각한 이단의 시대를 만나게 된 것은 우연이 아니다. 감사한 일은, 교회의 위기는 예견된 것이고, 교회의 회복은 예정된 것이라는 사실이다.

셋째, 이단 정죄보다 피해의 회복이 더욱 중요하다. 우리의 흔한 오해 중 하나는, 이단 대처의 목적이 이단을 비판하고 정죄하는 것이라는 생각이다. 하지만 이단 대처의 목적은 이단 피해로부터의 온전한 회복과 치유다. 안이한 호기심의 눈이 아니라 절박한 피해자의 눈으로 이단문제를 바라볼 때, 이단 문제의 본질과 위험성을 간파할 수 있다. 이단에 대처한다는 명분으로, 우리 안에 있는 아름다운 하나님의 형상을 잃어버려서는 안 된다.

넷째, 이단 비판보다 하나님의 말씀이 우선이다. 우리 모두가 이단 전문가가 될 필요는 없다. 오히려 하나님 말씀 전문가가 되어야 한다. 이단에 대한 날카로운 변증의 혀를 갖는 것보다 더 중요한 것은, 하나님의 말씀을 믿고 그대로 살아가려고 하루하루 애쓰는 삶이다. 하나님 말씀에 바로 설 때, 이단 대처는 덤으로 주어지는 하나님 은혜의 선물이다. 말씀에 기초한 삶을 살 때, 비성경적 이단의 미혹을 분별하는 지혜와 대처하는 용기를 갖게 된다.

다섯째, 이단은 두려움의 대상이 아니라 경계의 대상이다. 신천지가 무섭다고들 한다. 하지만 신천지가 무서운 것이 아니라, 신천지로 인한 교회와 가정 안의 불신과 분열이 두려운 것이다. 성령은 우리를 하나 되게 하지만, 이단은 우리를 분열시키고 불신하게 만든다. 서로를 향한 믿음 속에서, 이단에 담대하게 대처해야 한다. 이단문제가 생기면, 혼자 고민하며 숨기기보다, 오히려 건강하게 노출하고 함께 대처하는 방안을 모색해야 한다.

여섯째, 교회는 개혁의 대상이 아니라 개혁의 주체여야 한다. 교회를 향한 사회의 냉소적 비판은, 민족과 함께해온 한국교회를 향한 한국사회의 높은 기대치를 보여준다. 비판의 목소리를 겸허히 수용하고 스스로 개혁할 때, 교회는 다시 한 번 개혁의 주체로서 우뚝 설 수 있다. 개혁을 멈추지 않는 정결한 교회가 양의 옷을 입고 노략질하는 이단들에게 효과적으로 대처할 수 있다.

교회의 표징, 즉 "정통을 추구하는 일은 곧 기독교의 진정성을 찾는 일"이며, "교회가 당면한 진정한 도전은 정통이야말로 강한 상상력을 불러일으키고, 정서적으로 매력 있고, 심미적 감각을 증진하며, 개인적으로 해방감을 주는 것임을 증명하는 일이다"라는 맥그래스의 주장에 고개가 끄덕여진다.[2]

두려움 그리고 소소한 행복

신앙 간증은 나에게는 가장 어색하고 힘든 일들 중 하나다. 내 이야기를 하는 것이 쑥스럽기도 하고, 한편으로는 지나온 날

2 알리스터 맥그래스, 『그들은 어떻게 이단이 되었는가』 (서울: 포이에마, 2011) 341, 343.

들을 돌아보며 하나님의 은혜를 계수할 수 있는 시간조차 없이 바쁘게 계속 달려만 온 것도 이유인 것 같다. 중년으로 접어들면서 건강을 잃고 강의 중 몇 차례 쓰러지면서 자의반타의반으로 활동에 제동이 걸렸다. 설교와 강의에 대한 두려움을 매번 마주하면서도 '쓰러져도 할 수 없지'라는 생각으로 무작정 강단으로 올라갔다. 그런 나의 긴장감을 전혀 알아채지 못하는 교인들과 제자들이 오히려 의아했다. 감사한 것은 이러한 긴장감으로 인해 매 강의마다 매너리즘에 빠질 염려는 없었다. '강의를 잘하게 해 달라'는 기도를 한 적이 없고, '강의를 잘 마무리하게 해달라'는 기도만 해왔다. 지금도 강의와 설교 시간은 나에게 가장 긴장되고 떨리는 시간이다.

전혀 생각해보지 못했던 질문을 한 언론과의 인터뷰에서 받았다. 내가 언제 가장 행복하냐는 질문이었다. 나는 언제 가장 행복할까? 이단사이비 단체를 분석하고 비판하는 질문들을 주로 받았던 나에게는 당황스러운 순간이었다. 곰곰이 생각하던 중, 나는 '내가 사랑하는 사람들이 행복할 때, 내가 가장 행복하다'는 사실을 발견했다. 내 강의와 설교를 들으며 끄덕끄덕 공감해주는 가족들의 모습이 내 삶의 바로미터다.

무뚝뚝한 아들을 언제나 받아주시는 어머니, 같은 길은 걷는 형제들, 변함없이 절대적인 내 편인 아내, 무엇보다도 내 삶의 소중한 감시자들인 자녀들과 며느리들의 존재 자체가 선물이다. 사랑하는 이들과 영원히 함께 이 땅에서 살아갈 수는 없겠지만, 함께하는 동안만큼은 변함없이 사랑할 수 있는 이들로 인해 오늘도 가야 할 길에 담담히 나서게 된다. 그러면서 이 길을 그만 걸어도 될 날을 소망 속에 기다린다.

모두 하나님의 한량없는 은혜다.

참고문헌

김건남·김병희. 『신탄』. 서울: 도서출판 신천지, 1985.

기쁜소식선교회. www.goodnews.or.kr

김백문. 『기독교근본원리』. 서울: 이스라엘수도원, 1958.

______. 『성신신학』. 서울: 평문사, 1954.

김정수. "하나님의교회 건물 급격히 증가", 「현대종교」 (2016.12)

______. "하나님의교회 비판 가이드라인", 「현대종교」 (2016.1)

______. "이상구 박사 안식교 탈퇴 공개 선언", 「현대종교」 (2018.12)

______. "이단들의 스마트한 군인 포교와 관리", 「현대종교」 (2019.10)

______. "한중 이단대책 세미나 및 연석회의 개최", 「현대종교」 (2019.12)

김홍수. 『한국전쟁과 기복신앙확산연구』. 서울: 한국기독교역사연구소, 1999.

대전지방법원 서산지원 민사1단독 재판부 판결문 (2020.1.14.)

대한구국선교단. "구국선교의 선언", 「크리스찬신문」 광고 (1976.7.31.)

대한민국 외교부. "재외동포 다수거주국가", www.mofa.go.kr

맥그래스, 알리스터. 『그들은 어떻게 이단이 되었는가』. 서울: 포이에마, 2011.

문선명. 『원리강론』. 서울: 성화사, 1966.

부산시. 『부산시 제1회 통계연보』. 부산시, 1962.

생명의말씀선교회. www.jbch.org

세계기독교통일신령협회. 『원리강론』. 서울: 세계기독교통일신령협회, 1995.
세계평화통일가정연합. www.ffwp.org
신천지 부산야고보지파. 『새찬송가』.
신천지예수교 증거장막성전. http://www.shincheonji.kr
______. 『신천지 12지파 인맞음 확인 시험』 자료집 (2017)
안상홍. 『하나님의 비밀과 생명수의 샘』. 부산: 삼성인쇄소, 1980.
양정대. "중국 종교 통제 다시 옥죄기 나서", 「한국일보」 (2017.9.10.)
와치타워성서책자협회. 「우리는 지상 낙원에서 영원히 살 수 있다」
이강오. 『韓國新興宗教摠監』. 서울: 도서출판 대흥기획, 1992.
이만희. 『계시록의 진상』. 서울: 도서출판 신천지, 1992.
장인희. "만민중앙교회 이수진 복귀와 그 속내", 「현대종교」 (2020.1)
______. "만민중앙교회 이탈자 예배현장을 다녀오다", 「현대종교」 (2019.9)
정명석. 『30개론 강의안』. 서울: 도서출판 명, 2002.
______. 『선생님의 생애와 사상』. 서울: 세계청년대학생MS연맹, 1995.
정명석의 통일교 입회원서.
정예기. "자칭 구원자 신천지 이만희 교주, 척추수술 후 입원치료 중", 「현대종교」 (2017.9)
조민기. "은혜로교회, '예수 그리스도와 성령은 피조물' 주장", 「현대종교」 (2016.1)
______. "검찰, 양심적 병역거부자 판단 10대 기준 마련", 「현대종교」 (2019.1)
탁지일. 『사료 한국의 신흥종교: 탁명환의 기독교계 신흥종교운동 연구』. 서울: 도서출판 현대종교, 2009.
______. "북미 교회와 한국전쟁 이해: 미국장로교회와 캐나다연합교회를 중심으로", 「한국기독교와 역사」 (2013.9.25.)

______. 『이단』. 두란노, 2014.

______. "이단, 활발한 '세대교체'와 '해외진출'", 「목회와 신학」 (2015.12)

______. "신천지 시위의 숨은 의도", 「현대종교」 (2016.5)

______. "제칠일안식일예수재림교회는 과연 '복음주의 기독교'인가", 「현대종교」 (2016.5)

______. "캄보디아의 한국이단들", 「현대종교」 (2016.6)

______. "베트남의 한국이단들", 「현대종교」 (2016.12)

______. 『교회와 이단』. 두란노, 2016.

______. "최태민과 한국기독교", 「기독교사상」 (2017.2)

______. "진실과 현실 사이에서", 「한국기독신문」 (2017.2.3.)

______. "연합과 야합 사이에서", 「한국기독신문」 (2017.2.16.)

______. "고립무원 신천지", 「한국기독신문」 (2017.5.15.)

______. "한국이단의 세례요한 이해: 기독교복음선교회(JMS)와 신천지의 교리와 계보를 중심으로", 「신학사상」 (2017 여름)

______. "144,000의 불편한 진실", 「한국기독신문」 (2017.7.24.)

______. "I Don't Know", 「한국기독신문」 (2017.8.7.)

______. "유럽의 한국이단들", 「현대종교」 (2017.9)

______. "흑룡강성과 부산", 「한국기독신문」 (2017.9.11.)

______. "거짓의 장막 신천지", 「생명의 삶」 (2018.2)

______. "한국교회의 병리현상과 신흥종교운동", 「한국기독교와 역사」 (2018.3.25.)

______. "이율배반적인 신천지", 「생명의 삶」 (2018.3)

______. "호주 멜버른 신천지 피해 망신", 「현대종교」 (2018.4)

______. "신천지의 몰락", 「현대종교」 (2018.5)

______. "거짓 가정 통일교", 「생명의 삶」 (2018.6)

_____. "아프리카 신천지 활동 경고", 「현대종교」 (2018.6)
_____. "성을 노리는 JMS", 「생명의 삶」 (2018.7)
_____. "여호와의 증인 병역거부 논란", 「기독교타임즈」 (2018.8.29.)
_____. "세상을 거부하는 여호와의 증인", 「생명의 삶」 (2018.9)
_____. "타작마당 충격", 「기독교타임즈」 (2018.10.10.)
_____. "헌신인가, 착취인가", 「국민일보」 (2018.12.4.)
_____. "남북 철도와 이단 루트", 「국민일보」 (2019.1.1.)
_____. "최신 이단 트렌드", 「국민일보」 (2019.6.25.)
_____. "뉴욕의 한국이단들", 「국민일보」 (2019.7.23.)
_____. "오른손이 하는 일을 왼손이 알게 하라?", 「한국기독신문」 (2019.8.12.)
_____. "기대 그리고 기다림", 「국민일보」 (2019.8.20.)
_____. "군부대에 침투하는 이단들", 「국민일보」 (2019.9.17.)
_____. "이단 연구가로 산다는 것", 「국민일보」 (2019.10.15.)
_____. "수능 이후 이단 대처 로드맵", 「국민일보」 (2019.11.12.)
_____. "6.25전쟁 70주년과 이단", 「국민일보」 (2019.12.10.)
_____. "2020년 이단 트렌드", 「국민일보」 (2020.1.7.)
_____. "인도차이나 한국 기독교계 신흥종교운동현황 연구: 라오스, 베트남, 캄보디아를 중심으로", 「한국기독교신학논총」 (2020.4)
한국기독교역사연구소 북한교회사집필위원회. 『북한교회사』. 서울: 한국기독교역사연구소, 1996.
한국세계선교협의회. "2018년 12월 한국 선교사 파송 현황".
하나님의교회 세계복음선교협회. www.watv.org
CBS 특별취재팀. "신천지 교주 이만희, 입원 중 병원 벗어나 잠적", 「노컷뉴스」 (2017.7.28.)
KBS. "'전능신교'에 빠진 우리 아빠 좀 찾아주세요", 「KBS 뉴스」 (2016.

10.23.)

SBS. "감옥에서 보내온 성령: 낙토는 왜 사라지지 않나", 「그것이 알고싶다」 (2019.9.21.)

YTN. "中 신흥종교 '전능신교' 국내 유입… 주민들 불안", 「YTN 뉴스」 (2016.8.30.)

Hassan, Steven. *Combatting Cult Mind Control*. Park Street Press, 1988.

"Inside Providence: The secretive Korean church led by a convicted rapis", 호주 SBS (2014.4.9.)

Johnston, Chris. "Brainwashed Annie, taken by the cult", *The Australian* (Feb. 24, 2018)

McPhee, Elena. "Students approached by religious group", *Otago Daily Times* (Aug. 21, 2019)

Mickler, Michael L. *A History of the Unification Church in America, 1959-1974: Emergence of a National Movement*. New York & London: Garland Publishing, Inc., 1993.

Simmons, John, & Brian Wilson. *Competing Visions of Paradise: The California Experience of Nineteenth-Century American Sectarianism*. Santa Barbara: Fithian Press, 1993.

Tan, Lincoln. "Kiwi women targeted by religious group hunting brides for convicted rapist", *New Zealand Herald* (May 20, 2017)

Tertullianus. *Prescription against Heretics*.

너희가 사람의 미혹을
받지 않도록 주의하라

마태복음 24장 4절